DIRECT FROM
FRANCE

Authentic Materials for Reading and Conversation for Advanced-Beginning and Intermediate Students

Ray Symons • Fiona Donaldson • Zina Bowey

National Textbook Company
a division of *NTC Publishing Group* • Lincolnwood, Illinois USA

This edition first published in 1991 by National Textbook Company,
a division of NTC Publishing Group, 4255 West Touhy Avenue,
Lincolnwood (Chicago), Illinois 60646-1975 U.S.A. Originally published by
Stanley Thornes (Publishers) Ltd. ©1988 by Ray Symons,
Fiona Donaldson, and Zina Bowey.

0 1 2 3 4 5 6 7 8 9 BC 9 8 7 6 5 4 3 2 1

Contents

1 LA VIE PERSONNELLE, PUBLIQUE ET DOMESTIQUE 1

A Les détails personnels 1
B Les maisons 10
C Les animaux 15

2 LA VIE AU COLLÈGE 16

A L'entrée en sixième 16
B Les règlements 19
C Les professeurs 20
D Les bulletins 21
E Les responsabilités 22
F Les cours particuliers 24

3 LES CARRIÈRES ET LE TRAVAIL 25

A L'orientation professionnelle 25
B La formation professionnelle 28
C Les demandes d'emploi 32
D Le monde du travail 33

4 LES SPORTS ET LES LOISIRS 34

A La mer, la pêche, la natation et le canotage 34
B Le tennis, le cyclisme, le hippisme et le ski 39
C La photographie, la lecture, la télévision et le cinéma 42
D Le théâtre, la musique et les spectacles 46

5 FAIRE DES COURSES 51

A Dans la rue 51
B Dans les journaux 54
C Les offres spéciales 59
D Aux supermarchés et aux hypermarchés 61
E Les achats automatisés 65

6 MANGER ET BOIRE 67

A Les provisions 67
B Les cafés-restaurants: les publicités 70
C Les cafés-restaurants: les menus 73
D Les cafés-restaurants: les additions 75
E Les fêtes 76
F Les recettes 78
G Les bons conseils 79

7 LES SERVICES PUBLICS 82

A Les services en général 82
B A la banque 85
C A la poste 87
D A la douane 90
E Au commissariat 91

8 LA SANTÉ ET LE BIEN-ÊTRE 93

A Les maladies 93
B Les médicaments 96
C La santé 99

9 LES VOYAGES ET LE TRANSPORT 102

A En voiture 102
B À vélo 107
C En autocar 108
D En bateau 110
E En avion 112
F Par le train 113

10 LE LOGEMENT ET LES VACANCES 116

A Les hôtels 116
B Les campings 119
C Logement pour les jeunes 121
D Les gîtes 124
E Les excursions 125
F Les vacances des Français 127
G La météo 129

11 PRACTICE EXAMINATION 1 130

Level one 130

12 PRACTICE EXAMINATION 2 134

Level two 134

Preface

Direct from France is an exciting collection that allows students in their beginning years of French studies to read materials drawn from the French media, as well as other authentic selections that reflect the language, culture, and character of France today. Short stories, advertisements, cartoons, maps, school documents, government announcements, signs, schedules, personal notes, invitations—the impressive range of authentic readings presented here helps students to develop their reading skills, as they acquire the vocabulary and structures essential to "surviving" in French in a wide variety of everyday situations.

Divided by theme into ten chapters, *Direct from France* features subjects ranging from life at home, at school, and at work, to sports and leisure time, to food and health, and more. In addition to developing reading comprehension, each chapter can be used as a springboard for communicative activities in French. Questions marked *P,* for *Pratique orale,* are designed to encourage oral work in the classroom. These can also serve as a basis for writing practice. In addition, questions in English marked *E* test for understanding of the specific content of readings and help develop reading-comprehension skills in general. At the end of the book, two Practice Examinations encourage students to test the reading strategies that they have acquired in the course of working through the book.

With its wealth of readings and practice materials, *Direct from France* will prove to be an essential resource in the French-language classroom. Its emphasis on proficiency skills and on the everyday culture of the French people makes it an invaluable addition to any basic French course.

Chapter 1
La vie personnelle, publique et domestique

Ce chapitre vous présente quelques annonces et articles sur la vie personnelle, publique et domestique en France.

A   Les détails personnels

A French friend shows you her identity papers.

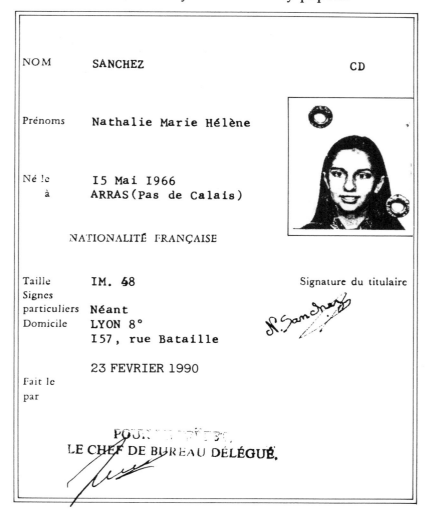

NOM	SANCHEZ CD
Prénoms	Nathalie Marie Hélène
Né le à	I5 Mai I966 ARRAS(Pas de Calais)
	NATIONALITÉ FRANÇAISE
Taille	IM. 68
Signes particuliers	Néant
Domicile	LYON 8° I57, rue Bataille
	23 FEVRIER 1990
Fait le par	

Signature du titulaire

POUR... ...
LE CHEF DE BUREAU DÉLÉGUÉ.

E1

Here is an identity card. Everyone in France has to carry one.

1 What information about Nathalie Sanchez can be obtained from her card?

2 How often should it be renewed?

RÉPUBLIQUE FRANÇAISE

PRÉFECTURE DU RHONE

CARTE NATIONALE D'IDENTITÉ

Valable dix années de la da... d'...

Timbre fiscal

TJ14255

P

a) Quels sont les avantages d'un système de cartes d'identité?

b) Aimeriez-vous voir arriver ce système dans votre pays?

E2

1 What sort of document is this?

2 Where could you return it to?

3 Where and when was this person born?

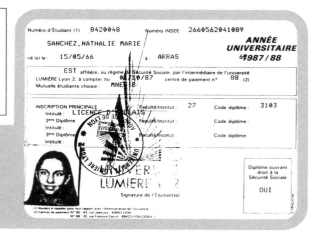

Numéro d'Étudiant (1) 8420048	Numéro INSEE 2660562041089	
SANCHEZ,NATHALIE MARIE		ANNÉE UNIVERSITAIRE 1987/88
né (e) le: 15/05/66	à ARRAS	

EST affilié(e), au régime de Sécurité Sociale, par l'intermédiaire de l'université
LUMIÈRE Lyon 2, à compter du 05/10/87 centre de paiement n° 88 (2)
Mutuelle étudiante choisie : MNEF B

INSCRIPTION PRINCIPALE		Faculté/Institut : 27	Code diplôme : 3103
Intitulé : LICENCE ...			
2ème Diplôme	Faculté/Institut :		Code diplôme :
Intitulé :			
3ème Diplôme	Faculté/Institut :		Code diplôme :
Intitulé :			

Signature de l'Étudiant(e)

Diplôme ouvrant droit à la Sécurité Sociale

OUI

(1) Numéro à rappeler pour tout rapport avec l'Administration de l'Université
(2) Centres de paiement N° 80 43, rue Jaboulay 69007 LYON
N° 88 20, rue Francois Garcin 69423 LYON CEDEX 3

E3
When would you use this card?

RECOMMANDATIONS IMPORTANTES

L'électeur ne sera admis à voter qu'après être passé par l'isoloir où il doit placer son bulletin dans l'enveloppe réglementaire mise à sa disposition à l'entrée de la salle de vote.

Quiconque aura voté, soit en vertu d'une inscription frauduleuse, soit en prenant faussement les nom et qualité d'un électeur inscrit, sera puni d'un emprisonnement de six mois à deux ans et d'une amende de 720 F à 20 000 F.

Sera puni de la même peine tout citoyen qui aura profité d'une inscription multiple pour voter plus d'une fois

| SCRUTIN N° 1 | SCRUTIN N° 2 | SCRUTIN N° 3 | SCRUTIN N° 4 |
| SCRUTIN N° 5 | SCRUTIN N° 6 | SCRUTIN N° 7 | SCRUTIN N° 8 |

Cette carte devra être conservée par l'électeur jusqu'à réception d'une nouvelle carte

RÉPUBLIQUE FRANÇAISE

LIBERTÉ - ÉGALITÉ - FRATERNITÉ

CARTE D'ÉLECTEUR

La présente carte remplace la carte précédemment délivrée qui devra être détruite

« Voter est un droit c'est aussi un devoir civique »

MINISTÈRE DE L'INTÉRIEUR ET DE LA DÉCENTRALISATION

CRÉDIT AGRICOLE

LIBRE SERVICE BANCAIRE

SANCHEZ ANGELE   02

CRCAM DE LA LOZERE

BUREAU	LOT	N° DE COMPTE	EXPIRE FIN
00003	555	65711113900	12 88

E4
Copy and fill in as many details as you can about this bank card.

Name of Bank: _____

Account Holder: Mr/Mrs/Miss: _____

Account Number: _____

Expiration Date: _____

E5
Here are three "birth announcement" cards. Can you understand them?

Bruno et Nicolas ont la joie d'accueillir leur petit frère

Benoit

né le 17 Avril

Odile et Rémy Julien
1, rue des Engoulevents
76130 Mont Saint Aignan

Clinique Jeanne d'Arc
Rue Saint Maur
76000 Rouen

Marie
est née le 18 Novembre
à la grande joie de Kristell
et de ses parents

M. et Mme Michel Durose
13 C, rue des Capucins
Landerneau

Claire et Julien Dauguet

ont la joie de vous annoncer la naissance

de   Guillaume

le 17 Novembre

M. et Mme E. DAUGUET
10, rue Debordeaux
02200 SOISSONS

---

1 Which baby do you know was born in a hospital?

2 Who was born in November?

3 Who has two brothers?

4 Which family now has two daughters?

P

a) Quand êtes-vous né(e)? Où?

b) Avez-vous des frères, des sœurs, des tantes, des oncles?

c) Décrivez un membre de votre famille.

E6

Mme Moreau has had a problem with her son's foreign penpal, Philip, who is staying in France on an exchange visit. She has left the following message for the teacher accompanying the group.

1 What date will Philip leave the hospital?

2 When and how will he return home?

à M <u>SIMMON</u>

Mme <u>MOREAU</u>

a téléphoné ☒   est passé ☐

le <u>30/07</u>   à <u>21</u> h. _____

le rappeler au n° _____

rappellera _____

◆ ◆ ◆ ◆ ◆ ◆ ◆ ◆ ◆ ◆ ◆ ◆

a laissé le message suivant :

Nous sortons Philippe de l'hôpital demain en début d'après midi –

Nous le ramenons à Morlaix Samedi Après Midi

Il ne prendra le bateau dimanche avec les autres –

E7

– Je suis votre petite voisine... et je suis toujours libre pour garder les bébés.

Why do you think the little girl's offer may be refused on this occasion.

Je suis née le 13.09.80.
J'aime la nature, les animaux et la moto. Je suis en classe de 3ème et j'ai 3h d'anglais et 2h d'espagnol.
Mon père est conducteur de travaux publiques dans la région. Ma mère ne travaille pas. J'ai 2 frères : Thierry 21 ans et Olivier 10 ans. J'ai 2 chiens, 2 chattes, des poissons rouges et un petit lapin blanc qui s'appelle "Choupette."

E8

Your French teacher at school has received a request for penpals. Above is the first paragraph of the letter that you are offered to reply to.

1 Name three of the writer's main interests.

2 What two things does she say she studies?

3 What does she say about her family?

4 What pets does she have?

P

Est-ce que vous avez les mêmes goûts que cette jeune fille française?

Sara

Salut, je suis ta correspondante française, je suis contente d'avoir une nouvelle correspondante américaine car celle avec qui je devais aller ne peut pas venir chez moi. J'habite à la campagne à 7 km de Morlaix où je vais à l'école en car, et toi comment vas-tu à l'école? Mes chanteurs préférés sont Den Harrow, et Sting, ma chanteuse est Madonna, je la trouve super. A la maison tu auras ta chambre pour toi toute seule J'espère qu'elle te plaira car elle n'est pas tout à fait terminée, il manque la tapisserie.

J'espère que la France te plaira si tu y est jammais allée.

Sylvie

E9

Sara is a friend in your class at school who is not very good at French. She thinks she has understood the letter from her new penpal, Sylvie, but asks you to check for her.

Which of Sara's statements below are true about Sylvie's letter?

1 Sylvie's previous penpal could not visit her in France.

2 Sylvie lives in the centre of Morlaix.

3 Sylvie goes to school by car.

4 Sylvie's penpal will be able to have a bedroom to herself.

5 There is no carpet in the room.

6 The spare room is not yet built.

7 There is a spelling mistake in the letter.

P

a) Décrivez vos traits de caractère.

b) Décrivez ceux d'un de vos amis.

c) Pourquoi êtes-vous amis?

d) Votre famille, où habite-t-elle actuellement?

e) L'endroit où vous habitez, vous plaît-il?

f) Faites la description de votre maison.

g) Décrivez votre chambre idéale.

E10

You enjoy reading the advice columns in teenage magazines.

1 What are the readers of this magazine asked to do?

2 What does Claudine say about her relationships with boys at the age of 16?

3 What is different about her relationship with Xavier?

4 How long has she been going out with him?

5 What happened when the school vacation ended?

6 What has her mother now forbidden her to do?

7 What is Claudine's worry?

8 What suggestion did Claudine make to her mother?

9 Why does Claudine think that her mother has this attitude towards Xavier?

P

a) Avez-vous un problème comme celui de Claudine?

b) Avez-vous un ami spécial? Vos parents, que pensent-ils de vos amis?

La main tendue

Vous pouvez les aider

Comme vous, ce sont des lectrices de notre journal. Elles ont un problème et demandent du réconfort. Nous publions ici leur courrier en préservant leur anonymat. Mais si vous pensez pouvoir les aider, écrivez-leur par notre intermédiaire. Nous leur ferons parvenir toutes vos lettres. Et si, comme elles, vous en éprouvez le besoin, écrivez-nous.

Ma mère ne veut plus me laisser sortir

A seize ans, je suis déjà sortie avec un certain nombre de garçons. Mais cela n'allait jamais très loin, cela ne durait jamais très longtemps et, jusqu'à maintenant, mes parents n'y trouvaient absolument rien à redire.

❝ Je ne peux plus voir celui que j'aime ❞

Et puis, un jour, j'ai rencontré Xavier. Il a vingt ans et avec lui, ce n'était pas la même chose. Peu à peu, j'ai senti que j'éprouvais un sentiment plus fort qu'avec ceux que j'avais connus avant lui. Nous sortons ensemble depuis plusieurs mois et on s'aime à la folie. Pendant les dernières vacances, on s'est vus tous les jours. Hélas, à la rentrée, on s'est rencontrés moins souvent. Bien sûr, je vais au lycée et, le soir, j'ai des devoirs à faire. J'ai donc moins de temps libre. C'était normal et on supportait quand même de se voir moins. Mais maintenant, les choses ont changé. Ma mère ne veut plus que je rencontre Xavier. Elle m'interdit en effet de sortir quand il fait nuit. Et, à cette saison, la nuit tombe vite. Elle ne veut même pas que je sorte sur le seuil de la porte, devant la maison, pour discuter un moment avec Xavier. Elle dit que je le vois suffisamment pendant le week-end. Mais ce n'est pas vrai, car elle ne me permet de sortir qu'un week-end par mois. Les trois autres, il doit sortir sans moi et j'ai peur qu'il se lasse ou qu'il trouve une autre fille. J'ai proposé à ma mère de m'autoriser à recevoir Xavier à la maison. Mais elle m'a dit qu'elle ne voulait pas. Je ne comprends pas pourquoi. Peut-être qu'elle n'aime pas ce garçon, qui est pourtant très bien et très gentil. Peut-être a-t-elle peur que les choses deviennent trop sérieuses entre nous? Je suis malheureuse et je ne sais que faire. Bien entendu, je ne veux pas causer de peine à ma mère, mais je la trouve injuste. Croyez-vous que je doive lui céder et accepter de ne voir mon ami qu'une heure ou deux par semaine et un week-end sur quatre? Seulement, je l'aime, il m'aime, il est normal que nous ayons envie de nous voir. Pourquoi ma mère refuse-t-elle de me comprendre? Que faire? Dites-moi ce que vous en pensez.

Claudine.
Réf. 68.01

Je déteste mon père...

Anne, quinze ans, est désespérée parce que son père n'arrête pas de la critiquer à tout propos : vêtements, maquillage, copains, résultats scolaires. Elle dit qu'elle le déteste, elle s'enferme dans sa chambre pour ne pas le voir. Anne rêve d'un père compréhensif.
Réf. 58.03

■ J'ai le même âge que toi et je vis une situation presque identique à la tienne, mis à part que mon père me battait. Il est dépressif. J'ai fait plusieurs fugues. Depuis, ses violences ont cessé, mais ses remarques acerbes continuent. Et ça fait très mal. Alors, Anne, pour te sortir de cette situation sans faire de bêtises, dialogue avec ton père. Ce sera dur de l'approcher la première fois, de lui dire « écoute, papa... je souffre... alors... ». Car il souffre, lui aussi. Ce n'est pas sans raison, ces remarques... Il a peur de te voir lui échapper.

Il t'a connue petite fille obéissante et te retrouve adolescente qui s'affirme. Il cache ses sentiments sous un comportement qui, fatalement, te fait mal. Il ne comprend plus... Alors, dialogue. Au fur et à mesure, tu réapprendras à l'apprécier, à l'aimer. Car lui t'aime. Patiente, Anne. La haine se détruit quand l'amour s'apprend. Je t'embrasse.
Magdalena

■ Je connais votre cas. Mais je suis de l'autre côté. Du côté des parents critiqueurs. J'ai une fille de dix-huit ans, et un fils de seize ans. J'avoue que nous les critiquons beaucoup, trop peut-être. Nous sommes différents de caractère, de personnalité, donc nous ne voyons pas les choses de la même façon. Nous, les parents, voudrions leur transmettre notre expérience dans la tête, avec un entonnoir. Ils ne se laissent pas faire. Et nous avons peur pour eux. Au lieu de prendre le chemin que nous leur indiquons parce que, l'ayant pris, nous en connaissons les embûches, ils veulent en prendre un autre. Nous avons souvent l'impression que nous aurions pu leur éviter ce piège. Réaction : nous critiquons. Vêtements, maquillage, copains, tout ! On voit bien que vous ne détestez pas votre père. Vous détestez que votre père vous critique. C'est différent. Alors, que faire ? Prendre les choses avec le plus d'humour possible, ne pas se fâcher, faire des concessions, en obtenir. Soyez gentille, affectueuse : l'angoisse de n'être plus aimé par sa fille le rend encore plus critique. Je vous assure que votre lettre dit : « Je déteste mon père », mais qu'elle n'est qu'un cri d'amour. Prenez l'habitude de dire « je t'aime » quand vous aimez et ne simulez pas la haine pour provoquer l'amour. Gros bisous.
Andrée

E11

Anne has a problem and Magdalena and Andrée have written to the magazine to give her advice.

1 What does Anne's father criticize about her?

2 How does Anne try to avoid him?

3 Name the quality which Anne's father seems to lack most.

4 What does Magdalena advise Anne to do?

5 How old are Andrée's children?

6 Why does Andrée criticize them?

7 How does she advise Anne to tackle the problem?

8 Why does Andrée think Anne's father is becoming more and more critical?

9 What does Andrée advise Anne not to do?

P

a) Avez-vous jamais connu une situation comme celle d'Anne?

b) Connaissez-vous quelqu'un dans la même situation?

c) Discutez avec un partenaire le problème des parents critiques.

d) Les réponses à la lettre d'Anne, qu'en pensez-vous? A-t-on trouvé la solution?

Mariages Rencontres

A

"Mieux que jolie", IN-FIRMIÈRE cél., 23 a., 1,65 m, mince, Mlle Joëlle Dubois, 64 av. de la République, 69470 Lyon.

B

PINCE-SANS-RIRE, 28 ans, 1,65 m, souhaite rencontrer jeune femme heureuse, pour partager vie commune, 6.000 F/mens, et grande maison dans Sud-Finistère. Ecr. M. Thierry Julien, 1, bd. de la Croix Rousse, Quimper.

C

DIRECTEUR entreprise, quarantaine, veuf, 2 jeunes enfants, désire refaire sa vie avec compagne, 30–40 ans sympa, équilibrée, gaie, sincère, enfant accepté. M. Georges Dumontet, 104 rue Sully, 69500 Bron.

D

M. SOIXANTAINE, propriété, agréable, renc. F. cinquantaine, mélomane, aimant vie à la campagne. Ecr. avec photo, M. Frédéric Cuminal, 54, chemin des châtaigniers, 48562 Mende.

E12

You are reading the personals of a newspaper with your penpal and she decides to make up a few replies!

Can you match the replies below to the advertisements?

1 *Je suis veuve, j'ai 49 ans et je déteste le bruit et les foules.*

2 *Divorcée avec un fils (9 ans), je cherche homme d'affaires pour partager sa vie.*

3 *Je suis jeune, j'ai 22 ans. Je suis beau, j'aime les sports et les sciences.*

4 *Je suis jeune fille cherchant propriété et amitié.*

E13

Here is an advertisement for a dating agency. Answer the following questions from the choice of "lonely hearts."

1 Which person has an interesting job and earns quite a lot?

2 How many people are widows or widowers?

3 Who has blue eyes and is shy, sentimental and affectionate?

4 Who is good looking, plays sports and a musical instrument?

5 Who is slim and has green eyes?

6 Who is sober and understanding?

7 Describe Jean Louis.

UNIONS C.R.M.
12, place Maurice - Gillet
(St-Martin) - **BREST**
Tél. 44.86.06

MARIE 25 ANS, cél., sans charge, très jolie JF. svelte aux yeux verts, grande, féminine, soignée, sentimentale, calme, franche, aime musique, lecture, danse, cinéma, souh. renc. JH. 25/30, sérieux.

LINDA 33 ANS, jolie veuve aux yeux bleus, sent., affec., un peu timide, propriétaire, voiture, bcp. de gentillesse et de patience, dés. renc. M. sincère, sérieux, aimant les enfants.

ANNICK 46 ANS, veuve, jolie F. sentimentale, affec., gaie, bonne maîtresse de maison, aimant promenades, musique, cinéma, vie de famille, dés. renc. M. 45/55, sit. indif., enf. bienvenu.

ANNE 53 ANS, sans charges, très bonne situation, grande, élancée, très féminine, soignée, senti., gaie, propriétaire, voiture, aimant musique, lecture, promenades, renc. M. franc, sobre, aimant les voyages.

Gabrielle 60 ANS, veuve, sans charges, retraitée, de jolis yeux verts, affec., sensible, patiente, franche, aimant le jardinage, les promenades, souh. renc. M. 60/65, sobre, compréhensif.

PATRICK 24 ANS, militaire, beau garçon, sportif, gai, ayant le sens de l'humour, dynamique, enthousiaste, musicien, aimant le cinéma, la danse, désire renc. JF. 20/25, sit. indif., enf. bienvenu.

JACQUES 27 ANS, cél., prof. libérale, grand, sportif (tennis, voile), très bons revenus, sens., calme, volontaire, ayant le sens des responsabilités, aimant la musique, souh. vie heureuse avec JF. naturelle.

YVES 33 ANS, cél., grand, les yeux bleus, beau garçon, un métier intéressant, bons revenus, propriétaire, sensible, prévenant, dynamique, sens des responsabilités, renc. dame aimant vie de famille, sit. indif.

Chef d'entreprise **42 ANS,** excellents rev., propr., prévenant, sensible, soigné, gai, ayant sens de l'humour, aimant campagne, cinéma, danse, bateau, renc. D. simple, naturelle, sit. indif., enfts. acceptés.

JEAN-LOUIS 54 ANS, veuf, propriétaire, exc. revenus, sens., réservé, dyn., un métier de création, aimant les arts (peinture, sculpture), le sport, les responsabilités, dés. renc. D. 45/55, naturelle, aimant vie de famille.

Nom _____ Prénom _____ Age _____
Profession _____ Veuf (ve) _____ Célib. _____ Div. _____
Adress _____ Tél. _____

Désire renseignements sur personnes entourées ou soulignées.

P

a) Faites une comparaison entre tous les candidats et choisissez-en un(e) comme votre copain/copine idéal(e). Justifiez votre choix!

b) Quel candidat choisiriez-vous pour vous-même? Pourquoi?

c) Essayez de décrire votre femme/homme idéal(e)!

If you are interested in astrology this advertisement will appeal to you.

Read the advertisement carefully and answer the questions below.

1 Which astrological study offers you predictions for the next twelve months, A, B or C?

2 Which study claims to enable you to act appropriately at all times?

3 How much would a character study cost you?

4 List all the details which you would have to supply on the order blank about your date and place of birth.

POISSONS
20 février/20 mars

Vie professionnelle : Allez, un peu d'optimisme. Cette période de transition vous semble difficile à vivre, mais ce n'est pas une raison pour vous enfermer dans une boîte de sardines ! Evitez les associations, les crises de nerfs et les dépenses compensations dont votre portefeuille ne saurait se relever...

Amour : Evidemment, ce n'est pas le Pérou... ! D'une histoire simple vous faites un casse-tête que même un Chinois ne saurait pas démêler. Si vous êtes célibataire, acceptez la précarité des rencontres sans lendemain qui vous dépayseront.

Forme : Vous frisez le crash nerveux. Buvez de la verveine...

BIBA plus : Prenez cette période comme une remise en cause positive.

BELIER
21 mars/20 avril

Vie professionnelle : Vous devez vous attendre à quelques changements inattendus qui peuvent déstabiliser un temps vos affaires. Vos idées et vos relations vous mettent en valeur.

Amour : Le règne de l'illusion ! Ne perdez pas la tête, et dites-vous que vous vivez un superbe film, mais que le mot « fin » apparaîtra fatalement. Mais par pitié, ne prenez pas un vulgaire figurant pour le grand rôle masculin...

Forme : Stoppez les excitants, vous êtes assez énervée !

BIBA plus : Tablez beaucoup sur votre entourage amical.

TAUREAU
21 avril/20 mai

Vie professionnelle : Attention : ce mois peut être l'un des plus importants de votre vie. Ce que vous en ferez engagera votre avenir et sous les plus heureux auspices. C'est une chance fabuleuse qui vous sort des sentiers battus et qui peut vous permettre de réaliser vos rêves.

Amour : Mais qu'est-ce qui vous prend ? Vous vous prenez pour une aventurière des cœurs, la mèche ravageuse et l'œil langoureux... Attention au réveil ! Vous avez trop besoin de sécurité pour la jeter à la poubelle sur un coup de tête.

Forme : Du calme. Buvez beaucoup d'eau.

BIBA plus : Bravo pour les affaires, mais gare à votre vie privée.

E15

You look at the horoscopes in a magazine so you can tell your friends what will happen to them in the coming month.

Joanna's sign is Pisces.

Sandra's sign is Aries.

Peter's sign is Taurus.

1 Who will experience changes at work?

2 Who will worry unnecessarily about love?

3 Whose health might be bordering on nervous collapse?

4 For whom is this month vitally important in terms of work?

5 Which one needs to be optimistic?

6 Which one needs to lean on friends for moral support?

7 Which one should drink plenty of water?

Psycho-test
Êtes-vous une « intello » ?

Entre celles qui marchent uniquement à l'instinct, et celles qui n'aiment que jongler avec les idées, où avez-vous tendance à vous situer ?

● **Donnez une définition de l'intelligence :**
- ▯ c'est une griffe qui se brise en égratignant
- ℕ elle commence au moment où elle se fait oublier
- ▯ c'est 4/5 de culture et 1/5 d'hérédité

● **Vous aimez l'homme de votre vie parce que :**
- ℕ il est beau et sent bon le sable chaud
- ▯ c'est plus fort que vous
- ▯ il vous aime et sait vous comprendre

● **Ce qui retient aujourd'hui le plus votre attention :**
- ▯ les Législatives
- ℕ la situation en Afrique du Sud

● ▯ l'arrivée de nouvelles chaînes de télévision

● **Vous avez aimé ou vous aimeriez voir :**
- ▯ Jules César, mis en scène par Robert Hossein
- ℕ les Misérables, avec Lino Ventura
- ▯ Amadeus, ou la vie de Mozart

● **Votre chanteuse préférée**
- ▯ Marie-Paule Belle
- ▯ Sylvie Vartan
- ℕ Nana Mouskouri

● **Vous préférez :**
- ▯ le Scrabble
- ℕ le jeu des chiffres et des lettres
- ▯ les dominos

● **Vous ne croyez guère :**
- ▯ aux jeux de hasard
- ℕ aux sondages
- ▯ aux bruits de couloir

● **Vous compléteriez la phrase : « ... est en train de devenir un art », par :**
- ▯ la publicité
- ▯ l'informatique
- ℕ la gymnastique

● **Laquelle de ces affirmations approuvez-vous le plus ?**
- ℕ science sans conscience n'est que ruine de l'âme
- ▯ il n'y a pas de mauvais élèves, que des mauvais maîtres
- ▯ plus on en sait, plus on se rend compte que l'on ne sait rien

● **Un(e) intellectuel(le) doit aussi avoir :**
- ℕ de l'intuition
- ▯ du cœur
- ▯ de la créativité

Calculez votre score : I = 2 points ; N = 1 point ; T = 0.

E16

You see this personality test in a magazine. You decide to try it out.

1 Add up your score and put the total on your answer sheet. Then check your results with the information on the right.

2 According to your score name one positive and one negative trait of your character.

■ **De 0 à 6 points**
Vous êtes certes tout à fait capable d'analyser une situation, un spectacle, un livre, mais ce n'est pas votre tendance naturelle. Vous, vous fonctionnez surtout à l'instinct, vos réactions étant plus affectives que raisonnées, les intellos, vous les trouvez très forts dans les universités mais sur le terrain ils vous déçoivent souvent... quand ils ne vous ennuient pas ! Votre bon sens et votre débrouillardise vous permettent de réaliser plus d'économies que n'importe quelle étude de marché sur la meilleure façon de consommer ou de produire. C'est grâce à cela que tous vos proches se sentent tellement en sécurité avec vous.

■ **De 7 à 13 points**
La polyvalence est votre qualité principale. Vous pouvez tout aussi bien éplucher le mode d'emploi de votre machine à laver et construire vous-même vos étagères que trouver un bonheur dans la lecture de Jean-Paul Sartre. Vous avez besoin de diversifier vos centres d'intérêt, de faire alterner activités intellectuelles et activités sportives ou manuelles. Vous « pigez » vite ce qui est essentiel et vous vous impatientez devant les analyses qui n'en finissent pas. Quant aux loisirs, ce sont vraiment des loisirs : lorsque vous allez au cinéma, ce n'est certainement pas pour vous plonger dans des problèmes métaphysiques. Saine attitude !

■ **De 14 à 20 points**
Intellectuelle, oui, on peut dire que vous l'êtes. Les constructions de l'esprit, le jeu des idées, les mots vous fascinent et vous pouvez vous montrer très brillante. L'intelligence est le propre de l'homme et c'est la seule supériorité que vous lui reconnaissez vraiment. Vous n'admettez rien sans avoir réfléchi, vous aimez disséquer les causes et analyser les effets. Attention, votre image, auprès de votre entourage, risque de manquer de chaleur. A moins que vous n'ayez ces indispensables compléments à votre puissance intellectuelle : les qualités de cœur et l'humour.

These two articles concern the lives of two famous people.

Stéphanie en Amérique : « gare à mon gorille ! »

Pauvre Stéphanie. Venue passer une soirée au « Limelight », une boîte newyorkaise, en compagnie d'un beau brun, la princesse a eu quelques déboires. Alors qu'elle s'était absentée quelques instants, son chevalier servant en profitait pour inviter une autre fille à danser. De retour à sa table, Stéphanie s'est assise, a retiré calmement la bouteille de champagne du seau à glace et commencé à bombarder l'inconnue avec des glaçons. Mais, imperturbable, la rivale a continué sa danse... Stéphanie de Monaco, hors d'elle, a appelé son garde du corps qui s'est chargé d'éjecter l'intruse. Scène classique, a confié une amie de la princesse : « Stéphanie a horreur de perdre, même s'il ne s'agit que d'un petit flirt ». Ah, si tout le monde avait un gorille... ∎

Madonna recherche Sean, désespérément

Elle possède une superbe propriété à Malibu (Californie) et voudrait bien filer un amour tranquille avec son mari Sean Penn (le fils d'Arthur) épousé en août dernier. Mais Madonna, qui a fait un tabac dans *Recherche Susan désespérément*, ne s'en tirera pas comme cela. La pop star est souvent sollicitée par les metteurs en scène. Pour ne pas quitter son homme, elle a envie de refuser une offre pourtant intéressante des studios Walt Disney (pas pour jouer Blanche Neige, mais pour incarner une bourgeoise de Beverly Hills kidnappée...). ∎

According to the articles above which of the following statements are true?

1 Princess Stéphanie was drinking champagne at a New York night club.

2 Princess Stéphanie threw ice cubes at her companion.

3 Princess Stéphanie's escort stormed out of the night club.

4 Madonna lives in Beverly Hills.

5 Madonna apparently wants a quiet life now that she is married.

6 Madonna has just been offered a part by Walt Disney Studios.

P

a) Aimez-vous suivre les nouvelles des vedettes?

b) Vous participez à une émission télévisée. Essayez de raconter une histoire sur votre vedette préférée.

c) Comparez les deux articles. Croyez-vous qu'ils présentent bien les vedettes? A votre avis, est-ce que l'un est mieux écrit que l'autre?
Justifiez vos réponses.

LES FORBANS

6 jeunes garçons qui font du rock-and-roll comme dans les années 60

Du rythme, beaucoup d'humour et plusieurs succès, c'est le cocktail FORBANS sur le GRAND PODIUM EUROPE 1

Who would be attracted to *Les Forbans?*

B Les maisons

You come across these three advertisements in a realtor's window.

A VENDRE

A MORLAIX ""La Boissière''

BELLE PROPRIETE bourgeoise
Tout confort
Jardin 3000 m²
Libre.

————————

Ref : M 20

A VENDRE

A MORLAIX (Près de Pont-Bellec)

MAISON sur cave en sous-sol
R.D.C : Cuisine, salle à manger,
garage, salle d'eau : W.C. et étage
de 2 chambres, salle d'eau et
grenier au-dessus. Jardin.

————————

Ref : M 32

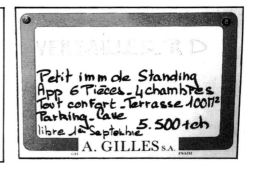

A. GILLES S.A.

Which property would you seek further information on if you:

1 hated gardening?

2 wanted a garden and a cellar?

3 would like to occupy it in early September?

Cahors centre, part. vd maison indivi. comp. 2 garages + gde pièce + cave. à l'étage, séjour, cuisine, 2 ch., s.d.b., chauff. central, jardinet, vue imprenable sur le Lot.
450.000 F.
Tél. 16.1.48.27.99.90

Lot 30 km de Cahors, 20 km de Gourdon, vds petite habitation tout en pierre + garage ds très beau site, 5.000 m² terr. Prix 380.000 F.
Tél. 65.22.57.85 ap. 18h.

Figeac-Nayrac, vends cause décés.pavillon F4, libre, sous-sol en garage, chauffage central au fuel, très bon état, terrain 430 m²
Tél. 65.31.11.60 H.R.
65.34.04.78 H.B.

A vendre village Lot maison meublée, 3 pièces, b.e. conf., pour couple ou retraité, ni jardin, ni garage 13 U. à débattre.
Tél. 65.32.48.60 H.R.

Vds terrain exposition plein sud, Regourd, combe du Paysan, (Cahors Nord) 1 lot 1000 m², 2 lots de 1000 m²
Tél. 65.31.26.25 H.R.

Vds Vers (Lot) maison de village en pierre, 3 niveaux, 140 m² habitables, potager 100 m².
Tél. 91.73.21.32

Urgent vds cause mutation maison neuve F6 Cahors Le Failhal, très grand confort, calme, point de vue.
Tél. 65.35.50.30 H.R.

Vds Cahors centre ville appt T4 entièrement rénové. Prix 45 U. à débattre.
Tél. 65.35.17.45 H.B. ou 65.30.05.76 H.R.

Vds maison pierres à 12 mn de Cahors, état neuf superficie 235 m², terrain 1 400 m². arboré et clôturé.
Tél. H.B. 65.30.13.09

Pour votre Publicité

PUBLI-LOT

ALLO : 65.30.14.11

CAHORS

Vds terrain à bâtir 1000 m² à Puy-L'Evêque belle exposition prix intéressant.
Tél. 65.30.81.83 H.R.

A vdre sur Figeac immeuble ensoleillé, centre ville, local commercial (rapport annuel 18.000F) + 3 pièces. Prix à débattre. S'adre. M. Yves Sagnes Labastide l'Eveque 12200 Villefranche de Rouergue

Cause mutation vends pavillon T4, cuisine équipée.
Tél. 65.35.71.16
Les Escales Labéraudie

Urgent cause départ étranger vds villa Puy-L'Évêque, F3, garage, jardin, prix intéressant.
Tél. 65.35.67.42 le soir

Vds maison camp restaurée vallée du Lot, 46 Bouzies, 300 000 F.
Tél. 75.43.63.79
(Dols, 5 rue Bach 26 Valence)

Vds bâtiment neuf 250 m² contigu à logement à finir de 135 m², conviendrait tous usages, région St-Céré.
Tél. 65.38.07.20
Saint-Céré.

Part. vend Cahors charmant grenier, séjour, 2 ch., cuisine. s.de.b.. tout confort.
Tél. H.R. 65.35.48.80

Part. vd Caillac Pavillon 5 pièces, s/sol total, const. 1982. Séjour en L, cheminée, cuisine aménagée, 2 s.d.b., terrasses, jardin 1200 m² Paysage, fruitier, droits mutation réduits.
Tél. 65.20.02.34 ou 68.21.38.83

A vendre plein centre Cahors F4 état neuf tout confort ou échange contre villa ou maison jardin dans Cahors.
Tél. 65.35.14.40 H.R.

8 km au Sud de Cahors, cause mutation **vends maison 130 m² habitables + 30 m² de garage**. 3 chambres, 2 bains, salon séjour 40 m² avec mezzanine et cheminée. cuisine intégrée, sur 1 400 m² de terrain, école avec maternelle + ramassage scolaire, environnement agréable 550 000,00 F.
Tél. H.R. 65.21.01.10

A number of your friends in France are trying to move. You take a look at the small advertisements in this paper.

The families' requirements are listed below.

1 Modern house, large cellar, fireplace, well landscaped garden, with fruit trees if possible.

2 House with cellar and garage, oil-fired central heating, in good condition.

3 A renovated flat in center of town.

4 A stone house not far from town, with large garden and wooded property.

Which phone numbers do you think each family would call?

P

a) Y a-t-il dans ces annonces une maison ou un appartement où vous aimeriez vivre? Pourquoi ou pourquoi pas?

b) Avez-vous jamais déménagé? Décrivez l'ancienne maison et la nouvelle.

E21

Here are three companies that you could contact if you wanted things for your home.

Which could you go to if you wanted the following?

1 A stove

2 A fully equipped kitchen

3 Wallpaper

4 A shower

5 Roof repairs

E22

Cody is a French do-it-yourself store.

In which department would you find these products?

1 A lawn mower

2 A wrench

3 House paint

4 Wallpaper

5 Light bulbs

6 A sink plunger

7 Wood for shelves

8 Nails

9 Flashlight batteries

10 A spade

E23

This extract is from a magazine article about kitchen remodeling.

If you wanted a new kitchen, but were on a fixed budget and were not very good at doing repairs, which system (1, 2 or 3) would you choose?

Quelle formule choisir ?

Selon votre budget, vos goûts et vos dons pour le bricolage, vous avez le choix entre trois formules pour acheter votre cuisine.

1 La cuisine intégrée : sur vos indications, un cuisiniste encastre les meubles et appareils ménagers que vous choisissez et les adapte parfaitement à votre pièce, quels que soient son état, sa forme et ses caractéristiques. Une fois installée, votre cuisine présente un plan de travail continu, et des meubles « en ligne » sans raccord. *Avantages.* L'implantation est toujours rationnelle, les moindres recoins utilisés, le nettoyage simplifié. *Inconvénients.* Pour « coller » précisément aux dimensions de votre cuisine, l'installateur peut faire ap-

pel à une main-d'œuvre importante (carreleur, plombier, électricien...). Cette formule est garantie mais souvent onéreuse.

2 Les meubles prêts à poser : vous dressez vous-même le plan de votre aménagement et achetez les meubles dont vous avez besoin. Ceux-ci sont vendus montés. Il ne vous reste plus qu'à les placer ou bien encore à les fixer en les juxtaposant. *Avantages.* Cette formule souple et moins chère que la précédente vous permet d'acquérir, petit à petit, la cuisine de vos rêves. *Inconvénients.* Les dimensions de votre cuisine s'adaptent rarement au centimètre près à celles des meubles standardisés. Il en résulte des « coins per-

dus ». Par ailleurs, entre les meubles et les appareils subsistent des séparations qui nécessitent de fréquents nettoyages.

3 Les meubles en kit : vous achetez les meubles qui correspondent à vos plans. Le plus souvent vous les transportez vous-même, avant de les assembler et de les poser. *Avantages.* C'est à la fois la formule la plus souple et la meilleure marché (40% environ) à qualité égale. *Inconvénients.* S'il est facile de monter des meubles vendus en kit, certains éléments de cuisine (meuble évier...) demandent des connaissances approfondies en bricolage (plomberie, électricité) et parfois pour plus de sécurité, l'appel à un spécialiste...

E24

Maison & Travaux is a popular French magazine that contains articles on homes, gardens, and do-it-yourself repairs.

This edition has a page giving details of back issues.

1 Choose any three back issues to send for, and list briefly, in English, the contents.

2 How much would it cost, including postage, to have these three issues sent to you?

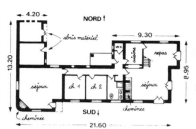

A la place des vignes

Reportage Annick Stein
Photos Jean Verdier.

1964 : la construction à son premier stade. Les murs sont montés en parpaings.

1968 : la première étape est terminée. La maison n'est pas encore pourvue de son deuxième séjour et des ateliers (voir plan). L'enduit des murs a été réalisé à la truelle, « au jeté », par un artisan maçon, dans la tradition de la région aixoise. Il présente un grain et une souplesse qui lui sont conférés à la fois par la qualité du sable de carrière dont la partie la plus fine a été éliminée, et le dosage du mortier, assez liquide.

1981 : la végétation a poussé. Au fil des années, tout s'est mis en place : le saule pleureur, la piscine côté sud qui se fait discrète, dans la prairie, les murets qui retiennent des jardins de rocaille et des massifs de fleurs, où viennent butiner les abeilles des onze ruches !

▲ *La terrasse sous les chênes rouvres est une extension de la salle à manger. De ce point d'observation, on voit arriver le visiteur dans le sentier et on jette un œil attentif sur les enfants qui jouent dans la piscine en contrebas.*

Le point de départ de cette maison de week-end et de vacances a été, dans les années 1965, un petit cabanon avec bergerie, construit dans les vignes. Mais ce n'est plus qu'un souvenir dont il ne reste que les belles pierres récupérées pour faire des murets.

Après dix-sept ans de travail, le propriétaire qui l'a conçue et construite presque entièrement par lui-même et avec l'aide d'amis, considère qu'elle sera « bientôt finie ».

C'est un long corps de bâtiment bas, couvert de tuiles canal dans le style provençal. D'où vient son charme particulier ? Simplement de son air champêtre sous les chênes-rouvres, de son décor clair et décontracté. C'est une maison que l'on sent vivante, sans contraintes. La famille s'y réunit volontiers pour les fêtes et les anniversaires. Son plan semble extensible au fur et à mesure des besoins : deux séjours, trois chambres, des ateliers pour bricoler… de quoi accueillir plusieurs générations aux préoccupations et goûts différents. La piscine en pleins champs est la dernière touche qui lui donne un petit air de luxe.

E25

This article concerns the conversion of a simple dwelling into a beautiful residence.

1 What, according to the article, is the attraction of the residence?

2 Is the house used as a main residence, or occasionally?

3 What is the one luxurious feature to be found there?

4 How do we know that the conversion was "a labor of love"?

5 What was added to the simple dwelling after 1968?

La maison de l'an 2000 est arrivée

En l'an 2000, notre maison fonctionnera "toute seule" grâce aux ordinateurs. C'est ce que nous promettent les spécialistes. Délivrés des tâches ménagères, nous pourrons travailler et nous divertir à domicile. C'est magique et... un peu effrayant.

Huit heures du matin. Madame Martin s'étire dans son lit. Deux fois déjà, le réveil à la voix synthétique lui a intimé l'ordre de se lever. Comme elle n'obtempère pas, le plafonnier s'allume tandis que le store se relève, laissant entrer à flots le soleil. La voix de stentor de son professeur de gym électronique envahit la chambre : *"On s'étire bien. Recommencez..."*. Lorsque l'odeur du café et des toasts grillés lui chatouille les narines, Mme Martin abdique enfin : allons, cette fois-ci il faut se lever... La même voix synthétique lui rappelle les rendez-vous de la journée : *"dentiste, conseil des parents d'élèves"*. D'habitude elle communique avec les autres parents par claviers et écrans interposés, mais aujourd'hui elle a envie d'avoir une "vraie discussion". Passage dans la "salle de corps" (autrefois, salle de bains). Là, un appareil enregistre au jour le jour poids, tension, rythme cardiaque etc.

Le robot qui sert le petit déjeuner au lit : le rêve ! mais la maison de demain, c'est avant tout une maison totalement programmée et reliée avec le monde entier. Un seul risque : ne plus avoir besoin d'en sortir... L'enjeu consistera encore à ne pas se laisser piéger par le progrès.

Une maison modulable

Il est relié au cabinet d'un médecin qui, à distance, peut établir des "télé-diagnostics". Rien à signaler. Mme Martin, rassurée sur son état de santé gagne son bureau... pas de transport, elle travaille de son living. Elle s'installe devant l'ordinateur : un terminal multi-fonctions avec console, écran de contrôle, clavier. Grâce à lui, Mme Martin qui est expert-comptable, peut accéder à tous ses dossiers, demander des suppléments d'information à telle ou telle banque de données etc. Un télécopieur ou une imprimante reliée à l'ordinateur lui permet en outre d'échan-

ger documents et photos... à plus de 150 000 km/h !
La vie de Mme Martin n'est pas un scénario de science fiction. Cette maison du futur entièrement informatisée et automatisée existe déjà... A l'état de prototype. Notamment aux USA où une vingtaine de sociétés de travaux publics, de spécialistes de l'isolation et de l'informatique se sont associées pour la construire, à Ahwatukee, en Arizona. Mieux, les industriels, comme l'Américain General Electric et le Japonais Mitsubishi ont, dès à présent, des systèmes d'automatisation domestique. *"C'est à Bruxelles en*

1979 qu'est sortie de terre la toute première maison de l'an 2000 construite par un scientifique américain de la NASA" explique Bruno de Latour, président de l'association pour les maisons du futur (APMF). Pour Bruno de Latour, c'est la révélation. Il crée l'APMF et part en croisade pour les "maisons de demain". *"A moins de quinze ans de l'An 2000, explique-t-il avec fièvre, il est urgent de préparer avec soin l'avenir de l'homme dans son logement. Les nouvelles technologies vont en transformer les données."* Cette maison, le plus souvent en bois, sera démontable car

en l'an 2000, on n'hésitera plus à changer de région pour trouver un emploi. Elle sera économique et saura utiliser toutes les formes d'énergies (solaire, éolienne). *"Ce qui est certain, c'est que la dernière décennie sera marquée par l'éclosion de la "domotique" (du latin domus : maison, et tique : pour informatique)* explique Bruno de Latour. Toute notre vie et celle de la maison vont reposer sur la capacité des micro-processeurs. En clair, cela veut dire que l'ordinateur, programmé selon les besoins de chacun, va prendre en charge la gestion et la sécurité de la maison.

E26

Here is an article about the house of the future.

Have you understood the main points?

1 Describe the innovative alarm clock.

2 What other things are done automatically in order to persuade Mme Martin to get up?

3 What does the machine in the bathroom measure?

4 Where does Mme Martin work? How is this possible?

5 Does this type of house exist solely in someone's imagination?

6 Where and when did the first "House of the Year 2000" appear? Who built it?

7 What will be important aspects of the house of the future? Why?

P

Que pensez-vous d'une vie aussi organisée?

C Les animaux

E27

If you wanted to buy a pet, which one would you choose?
Here is an article on the subject.

1 What pets are mentioned?

2 Which ones are popular with young people?

3 What should one bear in mind when choosing a dog?

4 When should one choose a parrot?

5 According to the article, is it true that male parrots prefer female owners, and vice versa.

P

Avez-vous des animaux domestiques chez vous?
Faites-en une description!

Les animaux à la maison

Le nombre de chiens, en France, augmente selon une progression continue dans les foyers familiaux et, de manière parallèle, les expositions canines attirent des foules de plus en plus denses, dont les éléments jeunes s'apprêtent à assurer une relève élargie.

Un chien dans un appartement est toujours d'une agréable compagnie. Bien sûr, certains de taille très importante, préfèrent les maisons avec un coin-jardin.

Les chats sont également très appréciés. Et pas seulement par les grands-mères et les petits enfants...

Que dire des oiseaux? Certains spécialistes en parleraient pendant des heures.

Alors ne parlons que des perroquets. Eux au moins ont obtenu le « droit de réponse ».

Il y a longtemps que les amateurs d'oiseaux essaient d'apprivoiser les perroquets. Une encyclopédie de 1784 indiquait déjà : « Les perroquets que les sauvages ne dénichent pas, mais qu'ils prennent en adultes déjà grands, sont très sauvages et ils mordent cruellement ; ils les adoucissent en fort peu de temps par le moyen de la fumée de tabac qu'ils leur soufflent par petites bouffées, ce qu'on appelle donner des camouflets de tabac; la vapeur les étourdit; pendant la stupeur qu'elle cause, on les manie sans risque et lorsque l'effet en est passé, leur première violence est déjà apaisée et leur humeur adoucie; on recommence au besoin et les perroquets finissent par être plus ou moins traitables... ».

Un psychologue analyse même : « tous les propriétaires de perroquets ont pu remarquer que leur compagnon a une préférence pour telle ou telle personne de son entourage. On a même constaté que les mâles préféraient les dames et les femelles les messieurs. Mais, reconnait-il, pour vérifier cette règle, il faut être sûr du sexe, difficile à déterminer avec certitude chez grand nombre de perroquets, en particulier le Gris du Gabon... ».

Pour n'importe quel oiseau, il est préférable de choisir un sujet jeune car il est certain que celui-ci deviendra plus facilement familier...

Quant aux poissons à accueillir en aquarium d'appartement, ils sont nombreux et votre commerçant spécialiste pourra vous en présenter quelques espèces.

A Lyon, les toutous sont les rois

Sur l'immense affiche, un fox-terrier à poils lisses interpelle le passant : « Merci Caninet. » C'est en découvrant ces placards publicitaires que les Lyonnais ont, du même coup, appris l'existence des vespasiennes pour chiens.

Au premier abord, le (la ?) caninet(te ?) ressemble à une tombe : un rectangle de terre noire encadré de béton, une stèle à l'arrière et un mince liseré d'arbres pour masquer le tout. En s'approchant, la chose prend des allures de juke-box primitif avec des voyants lumineux sur le côté. Mais ce n'est qu'en appuyant sur le bouton « Nettoyage, hors toute présence » que l'on comprend enfin : la terre, dans un ronron sourd de moteur électrique se déroule jusqu'à ce que la litière soit entièrement renouvelée. La stèle est en fait un réservoir de terre qu'emplit chaque matin un employé de la voirie.

Déjà troublés par les motos vertes et blanches qui pétaradent à l'affut du moindre canin négligeant, les toutous lyonnais auraient-ils du mal à s'acclimater à ces nouvelles techniques ?

Jusqu'à présent, en tout cas, ces "petits coins" disséminés dans la ville restent désespérément vierges. ■

E28

Your penpal knows that your country is a nation of dog lovers. He therefore shows you this report. Is it a joke?

> Vocabulaire: toutous = chiens

1 Where is this report based?

2 The *caninet* is said to look like:

  a) a row of trees.

  b) a tree.

  c) a grave.

  d) a primitive juke-box.

3 How is the *caninet* powered?

4 What does the *caninet* aim to do?

5 What success is it having?

P

Que pensez-vous des «caninets»? Croyez-vous qu'on devra monter un tel service dans votre pays? Pourquoi ou pourquoi pas?

Chapter 2
La vie au collège

Vous participez à un échange scolaire et après avoir visité la maison de votre correspondant(e) vous vous trouvez dans son collège. Vous remarquez qu'il y a beaucoup de différences entre les deux systèmes scolaires. Pour vous expliquer un peu le système français, il/elle vous montre des documents qu'il/elle a reçus.

A L'entrée en sixième

E1

Here is the list of subjects your penpal's younger brother studies.

Compare his subjects with the list below. Which subjects does your penpal's brother study?

1 Music

2 A foreign language

3 Math

4 Geography

5 Religion

6 PE

7 Latin

8 General studies

notez ici

le nom des professeurs

souligner le nom du professeur principal.

français
_____

mathématiques
_____

langue vivante
_____

histoire et géographie
_____

sciences expérimentales
_____

éducation artistique
_____

éducation manuelle
_____

éducation physique

---

3 - Exécution et contrôle du travail scolaire

Chaque élève possède un cahier de textes sur lequel il reporte l'emploi du temps de sa classe et consigne le travail à faire à la maison : devoirs, exercices, leçons, enquêtes et travaux divers.
Il est fortement conseillé aux Parents de consulter régulièrement ce cahier afin de mieux suivre le travail de leurs enfants.
A tout moment, les élèves peuvent se documenter sur la nature exacte du travail à faire à la maison en consultant le cahier de textes de la classe (bureau des Surveillants).

Un carnet de liaison est remis à l'élève en début d'année. Il doit être soigneusement complété par l'élève avec son Professeur Principal d'une part, et les Parents d'autre part. Sur ce carnet, l'élève reporte ses notes (notation 0 à 20 en pratique dans l'établissement, un zéro doit précéder toute note inférieure à 10) et le carnet doit être visé par la famille tous les mois. Une grande partie du carnet de liaison est consacrée à la correspondance établissement-parents.

E2

This is an extract from a letter sent to all new students by the principal.

Briefly summarise the purpose of:
1 *un cahier de textes.*
2 *un carnet de liaison.*

These following extracts explain some subjects that a student will study in his/her first year at a French high school.

3 heures

mathématiques :

Leur étude a un double but :

- doter l'élève d'un bagage de connaissances pratiques et techniques utilisables dans la vie courante.
- développer sa pensée logique et son goût de la rigueur.

2 heures

éducation artistique :

Par un certain nombre d'activités à caractère esthétique, on s'efforce :

- de sensibiliser les enfants à des formes d'expression multiples :
  arts plastiques,
  architecture,
  artisanat d'art,
  musique,
  danse,
  art dramatique,
  poésie,
  cinéma ;
- de favoriser leur désir de création.

3 heures

sciences expérimentales :

Par cet enseignement on cherche à donner aux enfants une véritable initiation scientifique, afin de les préparer à la connaissance et au respect de la vie sous toutes ses formes.

Les sciences expérimentales comportent l'étude :

- des sciences physiques :
  propriétés physiques des solides, des liquides, des gaz,
  compréhension concrète du circuit électrique,
  compréhension des combustions,
- des sciences naturelles :
  êtres vivants et végétaux

3 heures

éducation physique et sportive :

A travers cet enseignement on cherche :

- à aider les jeunes à acquérir une bonne maîtrise de leur corps,
- à contribuer à la formation de leur personnalité, à leur épanouissement physique, intellectuel et moral.

Here is some advice given to parents.

A

votre rôle :
- fournir à l'enfant des instruments pour qu'il puisse se livrer à celles de ces activités qui l'attirent le plus.
- voir s'il existe des ateliers, des clubs, des chorales ou des orchestres. L'encourager à participer à leurs activités.
- l'emmener visiter des musées, des expositions.

B

votre rôle :
- lui donner le goût de vaincre certaines de ses difficultés.
- l'encourager là où il réussit le mieux.
- favoriser ses activités de plein air.

C

votre rôle :
Peut être vous êtes-vous senti « dépassé » dans ce domaine... Acceptez le... mais vous pouvez toujours vérifier que les leçons sont bien sues, les devoirs faits complètement.

Donnez à votre enfant le goût des calculs, le sens des formes. Certains jeux y contribuent.

D

votre rôle :
Profiter des vacances, des promenades pour lui faire observer les plantes, les animaux, développer son esprit de curiosité.

Can you match up the advice to parents **(A, B, C, D)** with the relevant subject area?

E4

1 Name two facilities in a high school which are probably not found in an elementary school.

2 What worries could a new student have?

P

Décrivez votre première journée au collège.

---

depuis la rentrée votre enfant découvre :

un nouvel établissement et une nouvelle manière de vivre :

Le collège est souvent beaucoup plus grand que ne l'était son école : davantage d'élèves, davantage de classes, peut-être une bibliothèque, un centre de documentation et d'information (1), une infirmerie... L'élève devra aller d'une classe à l'autre entre les cours... A l'école tout le monde se connaît, mais au collège il rencontrera surtout beaucoup de nouveaux visages.

En CM2, il était parmi les « grands » de son école. Au collège, il se trouve parmi les « petits », et les petits sont souvent « bousculés » par les grands...

Il quitte un établissement situé tout près de la maison, il pouvait s'y rendre à pied, tout seul. Pour aller au collège il va parfois être contraint d'utiliser l'autobus ou le métro, ou de prendre un car de ramassage. Enfin peut-être votre enfant est-il demi-pensionnaire, ou même interne... encore quelques nouvelles habitudes à prendre...

---

les régimes scolaires

l'externat :

L'élève externe revient à la maison pour les repas de midi. Attention à la longueur du trajet entre le domicile et le collège.

la demi-pension :

L'élève demi-pensionnaire prend ses repas de midi dans l'établissement. Cette solution s'impose si le domicile est trop éloigné du collège, ou si les parents n'ont pas la possibilité de s'occuper de l'enfant à ce moment-là.

Après le repas les élèves peuvent participer aux activités qui existent dans le collège : au foyer socio-éducatif (voir ci-contre), au C.D.I. (voir page 11) ou bien ils se rendent en permanence.

Les frais de demi-pension varient suivant les établissements. Ils sont payables au début de chaque trimestre scolaire.

l'internat :

Il n'existe que très rarement dans les collèges. L'élève interne réside complètement dans l'établissement pendant la semaine scolaire.

Lorsque les circonstances imposent cette solution, il faut tout faire pour éviter que l'enfant se sente isolé, coupé de son milieu familial.

Il faut lui écrire souvent, le faire sortir régulièrement, prévoir pour lui un correspondant, même si le règlement intérieur de l'établissement ne l'exige pas.

Les frais d'internat varient suivant les établissements. Ils sont payables au début de chaque trimestre scolaire.

E5

The leaflet contains some details about three different types of students.

1 What does a commuter student do at lunch time?

2 Why might a student decide to become a *demi-pensionnaire*?

3 How are school lunches priced and paid for?

4 Where does an *interne* stay during the school week?

5 What problem might he/she encounter?

6 What steps can be taken to remedy this?

P

a) Êtes-vous «interne»?
   Si non, comment allez-vous au collège le matin?

b) Où prenez-vous le déjeuner?

B Les règlements

EXTRAITS DU RÈGLEMENT INTÉRIEUR

HORAIRE DE L'ETABLISSEMENT :

Les cours se dérouleront selon l'horaire suivant :

Matin :

8 h. 05 -	9 h.
9 h. -	9 h. 55
Récréation de 9 h. 55 à	10 h. 10
10 h. 10 -	11 h. 05
11 h. 05 -	12 h.

Après-midi :

14 h. -	14 h. 55
14 h. 55 -	15 h. 50
Récréation de 15 h. 50 à	16 h. 05
16 h. 05 -	17 h.

Les élèves ne doivent entrer dans le Collège que 10 minutes avant le début du premier cours de la demi-journée.

PRESENCE DANS L'ETABLISSEMENT :

Les externes n'ayant jamais cours de 11 h. à 12 h. et de 16 h. à 17 h. seront rendus à leurs familles à 11 h. et 16 h.

En revanche, les demi-pensionnaires ne seront autorisés à quitter l'établissement qu'en fin de journée scolaire (voir l'emploi du temps de la classe).

E6

Here are some of the rules of your penpal's school.

Consult this timetable:

1 When is the first class?

2 What happens between 9:55 a.m. and 10:10 a.m.?

3 What happens between 12 and 2 p.m.?

4 When should students arrive before morning and afternoon school?

5 Your penpal goes home for lunch. In what circumstances can he/she go home early?

P

Décrivez votre programme à l'école.

E7

Read this extract concerning student absences.

1 What does it say parents should do if they know their child will be absent from school?

2 Your penpal has been sick for two days, should he/she send in a doctor's note?

3 How would your penpal's parents be informed if their child were not attending classes?

4 After an absence, what must a student do before returning to class?

ABSENCES ET RETARDS :

Toute absence prévue par la famille doit être signalée à l'avance et par écrit à Monsieur le Sous-Directeur.

En cas d'absence imprévue, la famille préviendra immédiatement le Secrétariat du Collège par téléphone (si possible), par lettre ou de vive voix.

Si l'absence dure plus de trois jours, il sera produit un certificat médical.

Toute absence non justifiée sera signalée aux parents au moyen d'une carte postale ad hoc. Les parents sont tenus de la renvoyer, en indiquant le motif de l'absence.

Il est interdit de rentrer en classe après une absence ou un retard sans avoir obtenu de la Surveillance un bulletin de rentrée. Les retards et absences seront relevés.

TENUE DES ELEVES :

Une tenue correcte et décente est exigée et les parents doivent y veiller.

Tous les vêtements qui ne sont pas portés constamment dans la journée doivent être marqués solidement au nom de l'élève.

Une tenue de sport est obligatoire pour l'éducation physique (short et chaussures).

Le port apparent de tout insigne à caractère politique ou religieux est interdit.

Il est interdit aux élèves de fumer dans l'établissement.

La mauvaise tenue dans les cars de ramassage peut entraîner la perte du bénéfice de ce service.

E8

Which of the following sentences are true?

1 There is a school uniform.

2 Special clothing is required for sports.

3 All clothing worn at school must be name-labelled.

4 The wearing of a religious symbol is not allowed.

5 No smoking is allowed at school.

6 Bad behavior on the school buses can lead to expulsion.

E9

Which of the following punishments are enforced in French schools?

1 Detention on Thursday morning.

2 Corporal punishment.

3 Extra work to be done at home.

4 Students sent out of class have to do extra work supervised by monitors.

5 Temporary expulsion.

SANCTIONS :

En cas de nécessité, les punitions suivantes pourront être infligées :
— devoir supplémentaire à faire à la maison ;
— renvoi en permanence avec devoir supplémentaire contrôlé par les surveillants ;
— retenue le mercredi matin ;
— avertissement du chef d'établissement à la famille ;
— exclusion temporaire prononcée par le chef d'établissement.

En cas de faute grave commise par un élève, le Conseil de Discipline sera convoqué dans les dix jours qui suivent l'infraction.

P

a) Comment vous comportez-vous au collège?

b) Votre directeur/directrice, est-il/elle sévère?

c) Quelles sont les sanctions dans votre collège?

C Les professeurs

Mieux vivre

Vos enfants et vous

Comment discuter avec les profs ?

Les relations entre parents et enseignants ne sont pas simples. Il y va pourtant de l'intérêt de l'enfant. Alors, abordez le dialogue dans de bonnes conditions...

De l'école primaire à la terminale, les récriminations des élèves envers les enseignants sont nombreuses. « La maîtresse m'a encore puni et c'était pas de ma faute ». « Le prof de maths est mauvais, on n'y comprend rien... » Du côté des parents, les positions manquent le plus souvent de nuances. Il y a ceux pour qui les profs sont toujours en vacances, toujours en grève, voire toujours absents.

Eviter les malentendus

Il y a aussi ceux pour qui « aucun effort n'est fait pour comprendre les enfants » (et le leur en particulier). Pour d'autres, au contraire, l'enseignant a toujours raison. Mais bien que descendu de son piédestal, le professeur reste redouté. Les rapports parents-enseignants pâtissent d'une absence de simplicité. Un problème en classe ? On critiquera le professeur, mais on n'osera pas aller le voir, de peur qu'il ne se « venge » sur l'enfant. Comme si certains parents n'arrivaient pas, face aux professeurs, à être tout à fait des adultes et restaient les enfants soumis ou chahuteurs qu'ils étaient...
De leur côté, les enseignants qui se sentent systématique-

ment critiqués, ont souvent la sensibilité à fleur de peau. Ils estiment que les difficultés de leur métier sont méconnues. Et certains prennent la moindre demande d'explication pour une agression. Mais ils sont nombreux aussi à regretter de n'avoir pas plus de contacts avec les parents de leurs élèves. Ils déplorent tous qu'ils soient si rares à venir aux réunions qu'ils organisent. « Une bonne discussion permet d'éviter bien des malentendus », explique un instituteur. Alors, bien sûr, il faut venir discuter avec les enseignants, mais il faut aussi savoir s'y prendre... D'abord ne pas les considérer systématiquement comme des ennemis qui s'acharnent gratuitement sur votre enfant. Lorsqu'il y a un problème, écoutez, bien sûr, la version de votre enfant, mais n'oubliez pas qu'elle peut être déformée. Réservez donc votre jugement jusqu'à votre entretien avec le professeur. Même si certains enseignants manquent de pédagogie, en général leur expérience des enfants est réelle. Et leur perception du vôtre mérite d'être entendue. Plutôt que l'affrontement, envisagez la collaboration. L'en-

Même si vous ne partagez pas l'avis du professeur, essayez d'établir le dialogue avec lui : Il ne demande que ça.

E10

This extract deals with the times that the staff are available to meet pupils.

Your penpal's parents want to discuss their son's/daughter's progress with:

a) the principal?

b) the Science teacher?

How and when can they do this?

E11

You have been talking about teachers with your penpal. Here is an article about relations between parents and teachers.

1 Give two typical complaints made by students about the teachers.

2 Give five opinions commonly expressed by parents about their children's teachers.

3 Why do parents hesitate to see teachers when there is a problem in class?

4 What does a majority of teachers think about meetings with parents?

E12

This is another extract from the same article.

1 If your penpal was having problems whom could his parents see about his work? He is 15.

2 In what circumstances would parents of an eight-year-old child approach the principal?

Qui aller voir ?

● A l'école primaire, l'interlocuteur privilégié est, bien sûr, l'instituteur de votre enfant. N'hésitez pas à aller le voir au moindre problème, même si vous pensez qu'il a tort. Une discussion sans animosité vaut mieux que des ressentiments ressassés.
En cas de conflit plus important, le directeur (ou la directrice) peut s'avérer un médiateur utile. Mais attention : les enseignants apprécient peu qu'on passe par dessus leur tête.
● Au collège, c'est avant tout le professeur principal qu'il faut voir. Il centralise, pour chaque classe, les remarques de ses collègues, et peut leur faire part des vôtres. Mais, si vous le pouvez, allez voir, ne serait-ce qu'une fois dans l'année, tous les professeurs : un prof de gym ou de musique peut vous apprendre beaucoup sur votre enfant. En cas de problème avec un professeur précis, c'est celui-ci qu'il faut rencontrer.

P

a) Que pensez-vous de votre collège? Et vos parents, qu'en pensent-ils?

b) Avez-vous un(e) professeur préféré(e)?

c) Qu'est-ce qu'il/elle vous enseigne? Depuis quand? Décrivez-le/la.

d) Décrivez le système d'enseignement secondaire dans votre région.

D Les responsabilités

Your penpal has just been elected as class representative and gives you this information about the position.

DES DROITS

1 les délégués et le conseil de classe

Le conseil de classe se réunit au moins une fois par trimestre.

Deux délégués des élèves élus par la classe participent à ces réunions au cours desquelles sont examinées les questions pédagogiques.

Le conseil de classe constitue un organisme d'information réciproque, de dialogue, de coordination et d'animation. C'est également le conseil de classe qui arrête les propositions relatives au déroulement de la scolarité de chaque élève et notamment les propositions d'orientation.

2 les délégués et le chef d'établissement

Dans chaque collège ou lycée, le chef d'établissement réunit l'ensemble des délégués d'élèves, éventuellement par niveau, pour un dialogue sur les conditions de vie scolaire. Cette réunion a lieu au moins une fois par trimestre ou lorsque la moitié des délégués en fait la demande.

Copyright: *Centre régional de documentation pédagogique de Grenoble* reproduced by kind permission.

Consider carefully this information about class representatives (*délégués*) and their rights (*les droits*).

1 A *conseil de classe* is a meeting where the general progress of students is discussed. How often does it meet?

2 How many class representatives are there at this meeting?

3 Apart from the principal, who can call a meeting to discuss matters relating to school life?

P

Est-ce qu'un tel processus existe dans votre pays? Aimeriez-vous y participer?

This extract is from a school handbook outlining arrangements for participating in sports at the school.

VIII - ASSOCIATION SPORTIVE (U.N.S.S.)

Avec l'accord de leurs parents, les élèves qui désirent faire du sport peuvent s'inscrire à l'Association Sportive du collège. Les entraînements peuvent avoir lieu, soit le mercredi, soit après les cours. Les déplacements vers les lieux d'entraînement se font sous la responsabilité des familles.

1 Are sports mandatory?
2 When do practices take place?
3 Whose responsibility is it to get to practices?

E   Les bulletins

E15

A French friend shows you two of her old report cards for you to compare. Here is the first.

1 How often were these report cards issued?

2 How old was Nathalie when this report card was issued?

3 What comments did her French teacher make?

4 What foreign languages did she study?

5 What was the overall comment?

P

a) Quelles matières avez-vous étudiées en sixième?

b) Quelles sont les matières que vous étudiez en ce moment?

c) Laquelle préférez-vous? Pourquoi?

d) Combien d'élèves et de professeurs y a-t-il dans votre collège?

COLLÈGE VICTOR GRIGNARD
177, Avenue Paul Santy
69008 LYON
Tél. : 74.30.45

NOM SANCHEZ
Prénom Nathalie
Date de naissance 15.05.66

1er TRIMESTRE 19 . 1980
CLASSE 4e3   Redoub. ☐   Boursier ☐

DISCIPLINES		Types d'exercices	Notes sur 20	APPRÉCIATIONS ET RECOMMANDATIONS DES PROFESSEURS
FRANÇAIS	Comp. fran.		12,5	Bien Doit faire des efforts de participation orale.
	Grammaire	)	12	
	Orthographe	)		
	Lect. expliq.	)	13	
M	Récitation	)		
LATIN M				
HISTOIRE GÉOGRAPHIE M AGNIEL			12	A. Bien dans l'ensemble. Travail sérieux
ÉDUCATION CIVIQUE M				
LANGUE VIVANTE I Écrit Anglais M Douillet Oral			12	Assez bons résultats à l'écrit. Participation active à l'oral.
LANGUE VIVANTE II Écrit Espagnol M me DuBois Oral			11,5	Assez bien à l'oral - Nathalie est en progrès -
MATHÉMATIQUE M Armain			10	Résultats en dents de scie. Il faut travailler régulièrement. Ensemble trop moyen
TECHNOLOGIE M				
SCIENCES NATURELLES M			14	Travail sérieux -
SCIENCES PHYSIQUES M			13	Assez bien
ÉDUCATION ARTISTIQUE	MUSIQUE M	13,5	11	A. Bien
	DESSIN M Callamard		16	Satisfaisant
ÉDUCATION MANUELLE ET TECHNIQUE M me BONNEL			13,5	Bien ensemble
ÉDUCATION PHYSIQUE M				

COMPORTEMENT

Appréciations globales et recommandations (conseil de classe)

du chef d'établissement

Assez bon travail

COLLÈGE
177, Avenue
Paul - Santy
69008 LYON

22

Here is one of Nathalie's later report cards.

6 How old was Nathalie when this report card was issued?

7 What additional subjects was she taking and what subjects had she dropped?

8 What comments did her PE teacher make?

LYCÉE D'ÉTAT
A. et L. LUMIERE
50, boulevard des États-Unis
69008 LYON

NOM _SANCHEZ_
Prénom _Nathalie_
Né le _15 - 5 - 66_
Classe de _T A2J_
REDOUBLE ☐   NON REDOUBLANT ☐

ANNÉE SCOLAIRE
19 _83_
19 _84_
1er TRIMESTRE

DISCIPLINES	NIVEAU ET NOTE	APPRÉCIATIONS ET RECOMMANDATIONS DES PROFESSEURS	Signature des Professeurs
Mathématiques	12,25	A Bien -	
Sc. physiques			
Sc. naturelles			
Philosophie	11	Travail sérieux - Résultats convenables - Continuez -	
Histoire Géographie	H = 6 G = 11	Un "accident" en Histoire - des progrès sont possibles	C.L.
Sc. économiques			
Français			
Latin			
L. V. I	13	Travail sérieux En progrès	
L. V. II esp	11,5	Assez Bonne élève -	
Grec ou italien L. V. III	écrit 08,5 participation orale : 10	Doit améliorer la correction de la langue - Mais le travail et l'attention sont soutenus → pas de découragement !	
Dactylographie			
Ed. musicale			
Dessin			
Tr. manuels			
E. P. S.	Gym Athlé Nat.	De la bonne volonté mais le niveau reste moyen.	

ABSENCES	APPRÉCIATIONS GLOBALES ET RECOMMANDATIONS DU CONSEIL DE CLASSE
	Bon trimestre Doit progresser en histoire

Le Chef d'Établissement

ATTENTION IL NE SERA PAS DÉLIVRÉ DE DUPLICATA

F   Les cours particuliers

E16

In France, it is considered very important to speak a foreign language. This is an advertisement for a language school.

1 Which languages are offered here?

2 Is there an age limit?

3 Is prior knowledge needed?

4 Where does one study?

E17

Here is a list of private tutors offering their services.

Which phone number would your penpal call if he/she wanted the following classes?

1 Chemistry taught by a fully qualified teacher.

2 Spanish conversation with a native speaker.

3 Arabic lessons at home.

4 Classes in silk-screen painting.

5 Greek during Easter vacation.

LANGUES

« Phonelab », école d'enseignement des langues par téléphone, propose des cours sur mesure, notamment techniques : informatique en anglais, commerce en japonais, chimie en allemand, etc. (Le professeur vous téléphone à l'heure de votre choix. Chaque cours dure vingt-cinq minutes). « Phonelab » prépare également à l'examen des Chambres de commerce britannique et américaine. Le cours pour la préparation à l'examen de la Chambre de commerce britannique dure trente-cinq heures, sans compter le travail personnel. Prix forfaitaire : 6 800 F hors taxe (Phonelab accorde des facilités de paiement). Cette formation peut être prise en charge par votre entreprise. Renseignements : Phonelab, 11, boulevard Malesherbes, 75008 Paris. 42.65.48.84.

EVALLIER

E18

This article catches your eye in a magazine.

1 What kind of institution is Phonelab?

2 How is teaching done?

3 Name three courses currently available?

4 How long does each lesson last?

5 Where are lessons held?

6 What help can employees request?

P

a) Comment apprenez-vous les langues étrangères à l'école?

b) Quels sont les avantages et les inconvénients du système Phonelab?

Chapter 3
Les carrières et le travail

Ce chapitre traite du monde du travail et des études professionnelles. Après la troisième année on peut entrer au lycée, au LEP (Lycée d'enseignement professionnel), à une école spécialisée ou bien faire un stage de formation professionnelle. On a l'embarras du choix. Après avoir étudié les extraits suivants vous connaîtrez mieux ce système.

A   L'orientation professionnelle

E1

In France, students are advised to write to *ONISEP* for career information.

Here is the application form they need to obtain such information.

Motif de non-distribution
- ☐ adresse insuffisante
- ☐ n'habite pas à l'adresse indiquée
- ☐ refusé

PAQUET POSTE

Nom _____

Adresse _____

_____

ONISEP
75225 PARIS CEDEX 05

Nom et adresse: _____

_____

_____

_____

Nom et adresse à écrire deux fois

Mode de paiement (ni timbre, ni espèces) à joindre impérativement à la commande.

Chèque bancaire ☐   Chèque postal ☐   Mandat ☐   ☐ à l'ordre de l'Agent Comptable de l'ONISEP date _____   Signature _____

Titres commandés	Références	Prix franco
_____	⌗⌗⌗⌗⌗⌗⌗	_____
_____	⌗⌗⌗⌗⌗⌗⌗	_____
_____	⌗⌗⌗⌗⌗⌗⌗	_____
_____	⌗⌗⌗⌗⌗⌗⌗	_____
_____	⌗⌗⌗⌗⌗⌗⌗	_____
_____	⌗⌗⌗⌗⌗⌗⌗	_____

Total à reporter sur le chèque ou le mandat

BON DE COMMANDE A ENVOYER A: ONISEP DIFFUSION 75225 PARIS CEDEX 05

You decide to complete the form for *ONISEP*.

1 How many times do you need to write your name and address?

2 Name two possible methods of paying for an order.

3 What method of payment is not allowed?

4 Give two reasons why your order might not arrive from *ONISEP*.

E2

This article mentions the people you can turn to for career counseling.

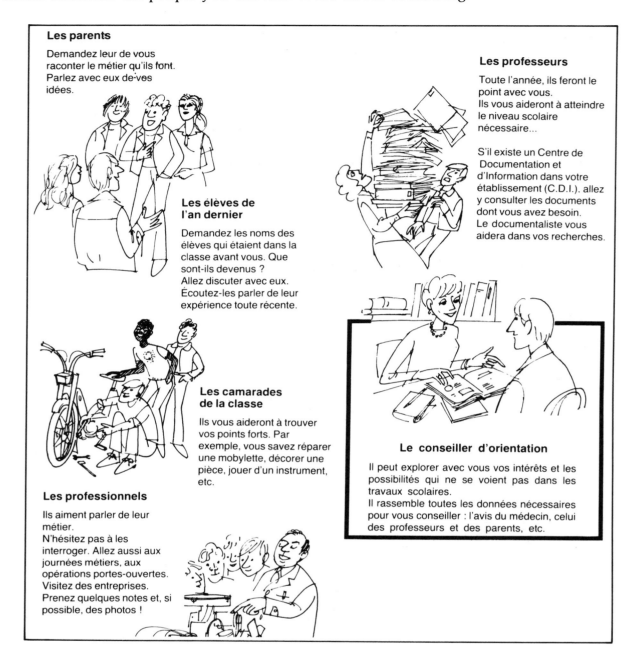

Les parents

Demandez leur de vous raconter le métier qu'ils font. Parlez avec eux de·vos idées.

Les professeurs

Toute l'année, ils feront le point avec vous.
Ils vous aideront à atteindre le niveau scolaire nécessaire...

S'il existe un Centre de Documentation et d'Information dans votre établissement (C.D.I.). allez y consulter les documents dont vous avez besoin. Le documentaliste vous aidera dans vos recherches.

Les élèves de l'an dernier

Demandez les noms des élèves qui étaient dans la classe avant vous. Que sont-ils devenus ? Allez discuter avec eux. Écoutez-les parler de leur expérience toute récente.

Les camarades de la classe

Ils vous aideront à trouver vos points forts. Par exemple, vous savez réparer une mobylette, décorer une pièce, jouer d'un instrument, etc.

Le conseiller d'orientation

Il peut explorer avec vous vos intérêts et les possibilités qui ne se voient pas dans les travaux scolaires.
Il rassemble toutes les données nécessaires pour vous conseiller : l'avis du médecin, celui des professeurs et des parents, etc.

Les professionnels

Ils aiment parler de leur métier.
N'hésitez pas à les interroger. Allez aussi aux journées métiers, aux opérations portes-ouvertes.
Visitez des entreprises.
Prenez quelques notes et, si possible, des photos !

1 According to the above advice, whom should you contact to:

   a) talk about recent job experience.

   b) be told about your strong and weak points.

2 What should you try to do when you visit firms?

3 What is the teacher's role?

4 What is the main role of the career counselor?

P

a) Que ferez-vous l'année prochaine? Où?

b) Qui avez-vous consulté(e) pour vous informer sur votre futur métier?
À votre avis, avez-vous reçu de bons conseils?

c) Si, par hasard, vous n'avez pas encore choisi un métier, expliquez pourquoi. Comment remédier à cette situation?

E3

This extract comes from one of *ONISEP's* documents called *Orientation après la troisième.*

1 What two things should you bear in mind when choosing a career?

2 List those personal qualities below which are not mentioned in the extract.
- *a)* Enterprising
- *b)* Honest
- *c)* Diligent
- *d)* Shy
- *e)* Caring
- *f)* Good-looking
- *g)* Energetic
- *h)* Independent
- *i)* Creative
- *j)* Courteous

The article continues . . .

Bien choisir votre orientation, c'est prendre la voie qui vous conviendra le mieux...
A cela, deux conditions nécessaires : être informé et bien vous connaître... Cette brochure vous donne un début de réponse à la première condition : l'information. Pour la seconde, c'est à vous de jouer !

Savoir qui vous êtes, ce qui vous intéresse, quels sont vos goûts, vos possibilités, c'est important pour choisir... même s'il est vrai que vous allez évoluer, que vos goûts vont se préciser et votre personnalité s'affirmer. Etes-vous direct, entreprenant ou timide, consciencieux et persévérant, actif, imaginatif ? aimez-vous commander, être seul, vous occuper des autres ? Avez-vous besoin de vous dépenser physiquement, de prendre des responsabilités, d'organiser ?... Les questions peuvent être multiples, les réponses nombreuses. Chacun d'entre vous est différent.

Et en classe, comment vous situez-vous ? Où réussissez-vous le mieux, où rencontrez-vous des difficultés ? Quelles sont les matières que vous préférez ? Travaillez-vous peu ou beaucoup, vite ou lentement ? Avez-vous la plume facile ? Préférez-vous les raisonnements rigoureux ? Etes-vous curieux d'histoire, d'actualité, de technique ?

3 Which other elements do you need to consider when contemplating your future career?
- *a)* Where you sit in class.
- *b)* Which subjects you find difficult.
- *c)* Which subjects you prefer.
- *d)* Whether you travel a lot.
- *e)* Whether you write well.
- *f)* Whether you keep up with current affairs.

E4

This extract lists certain qualities required for certain jobs.

Into which of the groups (**1–10**) would the following jobs be classified?

- *a)* Business person
- *b)* Secretary
- *c)* Accountant
- *d)* Dairy farmer
- *e)* Police officer
- *f)* Photographer
- *g)* Train conductor
- *h)* Construction worker
- *i)* Lifeguard
- *j)* Chemist

P

a) Quelles sont vos qualités personnelles? Analysez-les et aussi celles de votre partenaire.

b) Quel métier vous convient le plus? Pourquoi?
Comparez votre choix à celui de votre partenaire.

UN MÉTIER SELON VOS GOÛTS

Vous aimeriez...	Cela demande...
Faire du commerce 1	Un sens des contacts humains avec les clients par la discussion, le conseil, la persuasion.
Travailler en contact avec la nature ou vous occuper d'animaux 2	Un goût très net pour la vie au grand air, qu'il vente, qu'il pleuve... Une bonne santé physique, une tendance à aimer le calme et la solitude.
Travailler au dehors 3	Goût pour le travail en plein air, même par mauvais temps. Robustesse, bonne santé.
Travailler dans un bureau 4	Goût pour un travail sédentaire. Ordre et méthode, sociabilité.
Manier les chiffres 5	Ordre et méthode, précision. Raisonnement mathématique et logique.
Travailler en laboratoire 6	Précision, calme, rigueur, patience, méthode, soin et ordre.
Exercer un métier artistique 7	Esprit de création, imagination, vouloir ou accepter souvent d'avoir une vie non conventionnelle, aimer souvent travailler seul.
Exercer une activité sportive et physique 8	Goût pour le sport et résistance physique, mais aussi goût des contacts.
Surveiller et défendre 9	Discipline, goût de la hiérarchie, sens de la décision rapide.
Vous déplacer souvent 10	Aimer bouger. Sens de l'initiative, des responsabilités, bon équilibre physique et nerveux, parfois goût du risque, respect des consignes de sécurité.

B La formation professionnelle

E5

This is an advertisement for correspondence courses.

1 When is one urged to start learning a new trade?

2 How long does it take to study to become:
a) a nurse?
b) a courier?
c) an interior decorator?

3 Name three courses that require no formal entry qualifications.

P

Quels sont les métiers de vos parents?
Depuis quand les exercent-ils?

E6

Your penpal shows you several job descriptions.

7 Un métier de l'habillement

Mécanicienne en confection

Le tissu a été découpé suivant le patron et les différents morceaux s'entassent dans de grands paniers.
Il faut assembler ces morceaux les uns avec les autres pour qu'ils deviennent un blouson, une robe ou un blue-jean.

La mécanicienne coud une partie du vêtement sur sa machine à coudre.

1 Where are the cut pieces of cloth kept?

2 What three things are these made into?

Il est 8 heures.

Christophe, l'apprenti, André, l'ancien de l'équipe, et Mathieu écoutent les ordres de M. Melois, le patron.
— « Sur la "1501" de M. Nutel les vitesses passent mal. Va la chercher et répare la boîte », dit-il à André.
— « Christophe, après avoir réparé ce pneu et fait la vidange de la R5 bleue, tu aideras André à démonter le moteur. »
— « Matheiu, la 605 a un problème de transmissions, tu regardes et tu feras au mieux pour réparer. »
Pendant ce temps, le patron essaiera la 2 CV dont il'a réparé le système d'allumage, la veille. Des mises au point seront peut-être nécessaires.
Voilà, c'est parti pour la journée. Les portes sont grandes ouvertes. Il y a des courants d'air. On y attrape facilement un rhume. Cela fait partie de nos conditions de travail.

E7

1 What is the matter with M. Nutel's car?

2 Name two things Christophe has to do to the *Renault 5*.

3 What work has already been carried out on the *2 CV*?

4 What is said about working conditions?

5 Having read this short description, do you think you would enjoy working in a similar establishment? Try to justify your answer.

LA CAISSIERE

Elle rend la monnaie et vérifie les chèques de centaines de clients. Dans les grandes surfaces, en moyenne, elle tape 40 tickets de 100 F par heure. A la fin de son service, elle fait ses comptes. Elles ne doit pas avoir fait d'erreur Pour avoir une idée de l'argent manipulé par une caissière qui a fait un service de 5 heures, **faites les multiplications suivantes :**

100 F × 40 × 5 = ...

E8

Name one important qualification for a cashier.

Les grandes surfaces

Il y a plus de possibilités d'emploi. Les horaires sont réguliers. Le vendeur doit parfois travailler le soir quand il y a des nocturnes.

Les petits commerces

Le vendeur fait un peu tout (vente, caisse, nettoyage du magasin, rangement). Les salaires sont souvent plus élevés que dans les grands magasins mais les horaires sont plus lourds.

E9

1 Name two advantages of working in a large store, and in a small business.

2 Name one disadvantage of each.

P

Racontez l'histoire d'une journée dans la vie d'un(e) professeur, d'un(e) infirmièr(e), d'un pêcheur ou d'un(e) secrétaire.

E10

Here is an extract which relates the experiences of three young workers.

Eric 17 ans
Quand mon frère s'est acheté une moto, il m'a donné sa mobylette. Mon copain apprenti boucher m'a dit que son patron cherchait un livreur. Il m'a pris à cause de ma mob. Maintenant, je connais bien toutes les rues de la ville, j'ai quelquefois des pourboires. Je fabrique mon mélange moi-même parce que ça revient moins cher. Les pannes, j'en répare beaucoup. L'hiver c'est moins drôle, mais le printemps revient !

Eric

Which of the following statements are true?

1 Eric was given his moped by his brother.

2 Eric saw an advertisement for his job.

3 Eric's boss liked his personality.

4 Eric was familiar with the area.

5 Eric sometimes receives tips.

6 Eric sometimes delivers bread.

7 Eric doesn't like winter.

Nathalie 17 ans
Le jour de mes 16 ans, j'ai quitté le LEP. J'avais fait un an de vente-comptabilité-commerce et je commençais la 2e année. Mais je ne voulais plus aller à l'école tous les jours. Personne n'a voulu de moi pour travailler dans un bureau. Alors je mets sous plastique du linge de toilette qu'on expédie à travers toute la France. Il faut aller vite et c'est toujours la même chose. Mes parents sont contents de me voir gagner 90 % du SMIC et je peux discuter avec les copines de l'usine !

Bernard 16 ans 1/2
A 16 ans, à la fin de l'obligation scolaire, j'ai trouvé une place de garçon-chariot dans un magasin grande surface. Toute la journée je remets à l'entrée les chariots que les clients abandonnent près du coffre de leur voiture. De temps en temps, je m'occupe du verre cassé et des poubelles. Je ne reste pas sans bouger, je gagne 80 % du SMIC, je vois beaucoup de monde !

Nathalie

8 When did Nathalie leave school?

9 Where did Nathalie not want to work?

10 What two things does she say of her present job?

Bernard

11 Where do customers normally leave their shopping carts?

12 List three activities he does.

P

a) Que pensez-vous qu'Eric, Bernard et Nathalie feront à 25 ans?

b) Lequel des trois emplois préférez-vous? Pourquoi?
Discutez cette question avec votre partenaire.

Your French penpal is reading an article about the experiences of an apprentice.

1. Je suis apprenti menuisier chez Delorme. J'ai signé un contrat d'apprentissage voilà trois mois. J'ai débuté par des travaux simples à la main. Je commence à me débrouiller. Les machines, c'est pour bientôt. Mon employeur a demandé l'autorisation à l'Inspecteur du travail.

2. Je vais quelquefois en déplacements. J'aime bien ça. Sur les chantiers, chez les clients, j'aide Robert et Lucien à poser des portes, des fenêtres, des placards. Là, au moins, on peut voir le résultat de ce qu'on fait ! Mais il faut être costaud pour faire ce travail.

3. Vite et bien, c'est le slogan de la maison. Mais il faut garder la qualité : des assemblages qui tiennent et des finitions impeccables. Quand les commandes pressent, il faut quelquefois faire des heures supplémentaires.

4. Une semaine sur quatre, je vais au CFA (Centre de formation d'apprentis). Je me perfectionne en technologie, en français, en calcul. Je fais aussi un peu d'atelier.
Au CFA, il y a des apprentis de presque tous les métiers.

1 How long has this young man been an apprentice?

2 What work has he been given to do?

3 Name three things he has helped to install.

4 When are there opportunities for overtime?

5 How often does he attend technical school?

5. Chez Delorme, le travail commence à huit heures. Comme j'ai une heure de trajet, je me lève de bonne heure. Pas autant que Patrick qui est apprenti boulanger; lui, il commence à six heures, mais il dort l'après-midi. Il travaille le samedi comme Héléna qui est apprentie coiffeuse.
Pour les vacances, j'aurai droit à trente jours de congés par an.

6. Pour l'instant, je ne gagne pas beaucoup, mais ce n'est qu'un début. Les compagnons gagnent plus, mais eux ils connaissent le métier. Ils m'appellent quelquefois pour leur donner un coup de main. Ils sont sympas et déjà ils me considèrent un peu comme un copain.

7. On dit que Roger est le meilleur ouvrier de l'atelier. C'est avec lui que je travaille. Il est dans le métier depuis 15 ans et il pense s'installer à son compte. Peut-être que je pourrai en faire autant un jour... Mais pour l'instant il faut que j'aie mon CAP. Et si je peux avoir aussi le Brevet professionnel, ce serait encore mieux.

6 What time does he leave home?

7 Patrick and Helena work on Saturdays. What do they do?

8 How much vacation will he get?

9 How do the other workers get along with him?

10 What is his ultimate goal?

11 Do you think this report creates a good impression of an apprentice's working life? Give a reason for your answer.

C Les demandes d'emploi

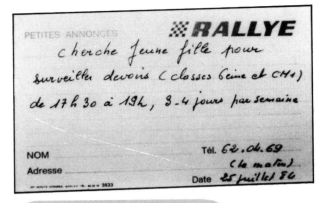

PETITES ANNONCES ※RALLYE

cherche jeune fille pour surveiller devoirs (classes 6ème et CM1) de 17h 30 à 19h, 3-4 jours par semaine

NOM _____ Tél. 62.04.69
Adresse _____ (le matin)
Date 25 juillet 86

Demandes d'emplois

A J.H. 18 ans, 3 ans LEP, poss. écrit, ch. EMPLOI-FORMATION MÉTALLIER, pour complété CAP. J.-P. Robert H.L.M. A5 Cité Aulne, Châteaulin.

B J.H. 32 ans, déclarant en douane, bonnes connaiss: anglais, ch. emploi IMPORT–EXPORT. Ecrire au "Télégramme" Brest, n° 36.271, qui transmettra.

C J.H. 16 a. ch. place AP-PRENTI COIFFEUR. Tél. (98) 02.03.79.

D J.F. 18 ans, ÇAP NET-TOYAGE-APPRETAGE EN TEINTURERIE, ch. emploi région 29, 22, 35. Libre de suite. Tél. (16.48) 61.25.14.

E J.F. 22 ans CAP IND. HA-BILLEMENT, ch. emploi COUTURIÈRE–RETOU-CHEUSE ou contrat em-ploi-formation, vente en confection, à partir du 1.9. Tél. (98) 49.06.87.

F J.F. ayant travaillé 6 a. comme secrétaire-assis-tante dentaire + 1'an-née prép. école infir-miére, ch. emploi comme SECRÉTAIRE, AS-SISTANTE ou autre. Ecrire "Télégramme" Brest, n° 10.755, qui transmet-tra.

G DAME GARDERAIT EN-FANT après-midi. Ecrire "Télégramme" Brest, n° 10.755, qui transmet-tra.

P

Votre partenaire veut répondre à une des demandes d'emploi ci-dessus. Vous l'interrogez sur ses qualifications.

E12

This advertisement once attracted your attention in a supermarket.

1 What is the person required to do?

2 How long is the working day?

3 How does one apply?

P

a) Avez-vous un emploi à mi-temps?

b) Gagnez-vous de l'argent ou recevez-vous de l'argent de poche?

c) Comment avez-vous dépensé votre argent la semaine dernière?

E13

This is an extract from a newspaper in which young French people are looking for work.

Study these requests for work (A–G). Whom would you contact if you wanted someone:

1 to work in a dry cleaners?

2 to work as a dental assistant?

3 to look after children?

4 who can speak English?

P

Avez-vous jamais travaillé pendant les grandes vacances?
Combien d'argent avez-vous gagné?

E14

You consult this page because you want to earn some extra cash in France.

1 Which advertisements would you use as a model if you wanted to offer:
  a) babysitting?
  b) English lessons?
  c) to do the cleaning for someone?
  d) to work for someone in your own home?

2 Whom would you contact if you wanted the following services?
  a) A haircut
  b) A letter typed
  c) Extra French lessons

CHERCHE étudiant (e) capable de donner cours angais à a-dulte débutant.prendre contact. Tél: .23.09.60

CHERCHE pour CHATEAU-THIERRY heures ménage, ven-deuse ou autre écrire WYPART.F 3 rue P.Doucet CHATEAU THIERRY

BANLIEUE OUEST PARIS jeu ne ménage 3 enfants cherche em ployée de maison débutante ac ceptée si très sérieuse logée nour rie Tél (1)608.56.56. (4)420 27.46.

DAME 50 ans cherche à gar-der personne âgée ou malade ou handicapée 4/5 nuits par semai-ne Tél:53.37.76 références.

COIFFEUSE dames cherche emploi Tél: 59.64.70 ap.19H.

Très urgent cherche emploi vendeur ou autre assur. s'abste nit MARECHAL.D 24 Place des Vergers appt.27 VENIZEL.

CHERCHE emploi dessina-teur métreur libéré OM 1 1/2 an expérience CHATELAIN.D 40 bd Poincaré SOISSONS

DAME cherche enfant à gar der quartier ST Crépin Tél:59. 40.92.

JEUNE FEMME cherche en-fant à garder 19 rue Pasteur BEL LEU.

CHERCHE travail à domicile Tél: 80.91.29.

DAME 60 ans cherche place emploi maison ou dame de com-pagnie préférence chez person-nes âgées ou handicapée logée nourrie Tél: 80.12.42. Les Lilas.

DAME DACTYLO expérimen tée possèdant machine cherche travaux à domicile Ecrire TUB: E.7178.

DAME cherche enfant ou bé bé à garder 4 rue Dr.Roy 64 Tél: 53.45.30.

JEUNE FILLE cherche à dacty lographier menus mariages, com munions 1,20f pièce. Images 1f pièce. Tél: 59.57.92.

ENSEIGNANTE donnerait cours particuliers anglais fran-çais prix intéressant Tél: 53.27. 73.

CHERCHE personne sérieu-se proximité quartier Presles SOISSONS pour garder enfant 2 ans à la journée. Tél:59.56.53 Ap.19h

D Le monde du travail

Le métier de la semaine
L'interprète, elle contribue au dialogue

Le développement des échanges internationaux a multiplié les emplois dans ce secteur. Au rang de ceux-ci, l'interprétariat.

Anne-Marie Chave, trente-six ans, est interprète indépendante depuis douze ans. Dès sa sortie de l'école, elle trouve des engagements. Les honoraires sont modestes, mais elle accomplit ses premiers pas dans la vie professionnelle. « *Il faut faire ses preuves dès le premier contact. Ensuite, le sérieux, les qualités de la personne se transmettent de bouche à oreille* », explique Anne-Marie, qui est de ces interprètes que l'on demande. « *Attention, nous ne traduisons pas des conversations mondaines. L'interprétariat n'est pas un travail d'amateur* », précise-t-elle. Elle a raison. La multiplication des échanges internationaux sur le plan scientifique, technique, industriel et commercial voire politique, exige la connaissance d'une ou plusieurs langues. Chacun ne maîtrise pas obligatoirement une langue étrangère. D'où l'importance de l'interprète. Elle contribue au dialogue, à une meilleure compréhension entre plusieurs personnes ne s'exprimant pas dans la même langue. Ce n'est pas aussi simple qu'il y paraît. Ecoutons Anne-Marie : « *Qu'il s'agisse d'un congrès de médecins ou d'ingénieurs, il me faut à chaque fois effectuer un très important travail : il me faut apprendre le vocabulaire technique et me documenter. Les interprètes sont en quelque sorte les « caméléons » de la communication.* »

Les interprètes ne sont pas seulement "douées" pour les langues : elles doivent maîtriser des vocabulaires techniques.

E15

Here is a magazine article about interpreting as a career.

1 How old was Anne-Marie Chave when she first became a freelance interpreter?

2 Which areas have expanded to create a demand for interpreters?

3 What must an interpreter do before accepting an assignment?

4 Would you have chosen another title for this report? Think of one you could use instead.

LE CHARME, ÇA S'APPREND

DIRECTRICE DE CHARME D'UNE AGENCE D'HOTESSES BCBG – AVEC POUR MOTS D'ORDRE : CLASSE ET COMPETENCE – FLORENCE DORE, CONVAINCUE DE L'IMPORTANCE DU « LOOK », VEUT APPRENDRE AUX FEMMES A SE METTRE EN VALEUR.

Etre sans diplôme n'est pas toujours un handicap. Florence Doré, complètement autodidacte, dirige aujourd'hui une florissante agence d'hôtesses et d'hôtes interprètes qui porte son nom : 600 filles et 180 garçons. Signes particuliers : leur classe et leur parfaite connaissance d'une langue étrangère. Le haut de gamme : un bataillon de charme efficace qu'elle déploie dans les manifestations de prestige.

Sept années en Sicile « à ne rien faire », sinon pratiquer l'italien, ont orienté la carrière de Florence Doré qui, de retour en France, a commencé par travailler comme interprète-hôtesse d'italien, grâce à des relations. « Comme j'ai tendance à beaucoup parler, cela m'a apporté des affaires. »

Une sélection très rigoureuse

Première bonne idée : en juillet 1972, elle décide de réunir autour d'elle une douzaine de jeunes femmes parlant des langues étrangères différentes pour augmenter les chances de chacune de trouver du travail. Elle débute chez elle, sans bureau. Seuls frais : l'achat d'uniformes turquoise – la couleur alors à la mode – pour se personnaliser. Aujourd'hui « ses filles » sont en noir « parce que je suis une femme classique » dit-elle. En 74 elle engage des garçons, les habille en costume sombre et cravate rouge, une première : « Difficiles à caser au début, ils sont maintenant de plus en plus sollicités. »

Florence Doré recrute elle-même : des personnes qui viennent parce qu'elles ont entendu parler de l'agence : « J'en vois une cinquantaine par semaine, mais je n'en prends pas plus de quatre par an. » Une sélection draconienne qui fait la force et la réputation de sa maison. « Une fille très bien physiquement doit aussi parler parfaitement une langue étrangère, sinon elle ne travaillera qu'à 40 %. » Ces oiseaux rares doivent avoir entre 22 et 26 ans et pratiquer une langue étrangère dès le berceau. Si elle engage des étudiants, en général de Sciences Po ou des grandes écoles de commerce, elle évite les étudiantes : « Cela représente trop de travail administratif.

E16

Florence Doré was the founder of a very special company.

1 How many girls did she start with?

2 How many languages did they speak altogether?

3 Where was her office?

4 Describe the present uniform of the girls.

5 What distinguishes her male interpreters?

6 How many people apply to her for work?

7 How many people are hired?

8 What type of student does she recruit?

9 How does the writer feel towards Florence Doré?

Chapter 4
Les sports et les loisirs

Si vous passez des vacances en France, soit chez des amis français, soit avec la famille, vous aurez beaucoup de temps libre. Il vous sera utile de savoir lire les panneaux, les annonces et les affiches. En même temps, vous voudrez lire des articles sur les sports et les spectacles.

A La mer, la pêche, la natation et le canotage

1

2

3

4

5

6

7

8

9

10

11

12

13

E1
The symbols on the left were used in a guide book of a coastal resort in Brittany to introduce details of various activities in the region.

Match the drawings with this list of activities. Write the number and letter only.

a) Football
b) Tennis de table
c) Voile
d) Natation
e) Tennis
f) Aviation
g) Golf
h) Culture physique
i) Plongée sous-marine
j) Pétanque
k) Equitation
l) Bridge
m) Planche à voile

E2
While on vacation in Brittany, you see details of a competition organized by a local newspaper.

Gagnez une planche à voile

avec **Le Télégramme**

Remplissez le bon ci-dessous et déposez-le dans l'urne prévue à cet effet sur le stand du **Télégramme** durant le Salon de Carantec. Un tirage au sort effectué le dimanche 18, à 18 h, désignera le gagnant.

Nom .... Prénom ....

Adresse ....

1 What do you have to do to enter the competition?

2 What prize could you win?

3 When is the drawing to take place?

Here are some signs you might see at the seashore.

E3

If you wished to go swimming, near which of these two signs would you go? Give reasons for your answer.

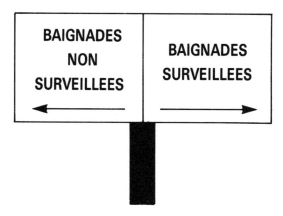

E4

Should you go right or left if you are not a strong swimmer?

E5

What is prohibited here?

E6

Can you visit these islands on a Sunday afternoon in July?

E7

You will be in Morlaix on the 27th and 28th of July. What will be happening in the evening?

DIEPPE

PROMENADES
EN MER

RAYDITH

EXCURSIONS en Rade de Dieppe

PÊCHE EN MER

PRIX SPÉCIAUX POUR GROUPES ET COLONIES

SE RENSEIGNER

Syndicat d'Initiative, Bd de la Libération, DIEPPE, Tél 84 11 77, à l'Embarcadère
ou au Siège Social R. LETESSIER, 10, Route de Pourville, Tel. 84.11.57

E9

While you are on vacation in Brittany you would like to take out a small boat. You look at the tide tables to find out the best time between the 20th and 30th of July.

1 Which day could you leave early in the morning at high tide and return at high tide around 9 p.m.?

2 On which dates would it be impossible to leave at high tide after breakfast?

3 On which days does the tide rise highest and go out lowest?

E8

1 Name two activities that this poster advertises.

2 What does it say about group rates?

HORAIRES DES MAREES
des Côtes du Nord
JUILLET

		PLEINES MERS				BASSES MERS			
		matin		soir		matin		soir	
Jours		heure	haut.	heure	haut	heure	haut	heure	haut
L	1	3 30	92	16 02	95	9 58	34	22 31	31
M	2	4 30	94	16 55	99	10 59	31	23 26	28
M	3	5 19	97	17 41	102	11 51	28	- -	-
J	4	6 02	100	18 21	105	0 15	25	12 36	26
V	5	6 39	102	18 56	106	0 57	22	13 16	24
S	6	7 13	102	19 29	107	1 35	21	13 53	23
D	7	7 45	102	20 01	106	2 10	21	14 26	24
L	8	8 16	101	20 30	104	2 40	22	14 53	25
M	9	8 45	98	21 00	101	3 05	24	15 18	27
M	10	9 15	96	21 30	97	3 32	27	15 47	30
J	11	9 48	92	22 06	93	4 02	30	16 19	33
V	12	10 26	89	22 49	89	4 36	34	16 56	37
S	13	11 15	86	23 48	86	5 18	38	17 46	39
D	14	- -	-	12 25	85	6 19	40	18 56	40
L	15	1 06	86	13 47	88	7 35	39	20 15	37
M	16	2 26	89	15 03	94	8 55	35	21 33	31
M	17	3 39	95	16 11	102	10 09	29	22 42	23
J	18	4 41	103	17 10	110	11 13	21	23 44	16
V	19	5 37	110	18 03	116	- -	-	12 12	15
S	20	6 28	114	18 51	120	0 40	10	13 07	10
D	21	7 15	117	19 37	121	1 33	05	13 57	07
L	22	7 58	117	20 18	120	2 20	04	14 40	08
M	23	8 38	114	20 57	116	2 58	07	15 15	12
M	24	9 16	109	21 35	109	3 32	12	15 50	17
J	25	9 55	102	22 18	101	4 08	20	16 27	25
V	26	10 40	94	23 07	92	4 48	28	17 11	33
S	27	11 40	87	- -	-	5 38	37	18 11	40
D	28	0 19	85	13 03	83	6 51	42	19 33	42
L	29	1 47	82	14 30	85	8 17	43	21 00	41
M	30	3 09	84	15 44	89	9 39	41	22 13	36
M	31	4 15	89	16 41	95	10 43	36	23 11	31

LA MAISON DE LA RIVIÈRE, DE L'EAU ET DE LA PÊCHE présente :

● **Des aquariums :** saumons adultes, truites de mer évoluent dans un bassin de 15 m³, en prise directe sur la rivière ...

● **Une exposition permanente :** 45 panneaux répartis sur 300 m² détaillant cinq thèmes :
  : La vie des poissons dans les rivières bretonnes, mais aussi à travers le monde ...
  : L'eau en Bretagne, son importance dans notre vie quotidienne, le bilan de santé des rivières.
  : La richesse et la diversité de la flore et de la faune de nos vallées.
  : Les activités économiques régionales ; leur dépendance avec la qualité des eaux.
  : Le renouveau des rivières d'Armorique depuis 15 ans. Quel avenir pour l'ensemble de ces cours d'eau ?

● **Des maquettes :** vallée de l'Élorn 2,50 m x 4 m, station de production d'eau potable ...

● **Du matériel de pêche ;** évolution depuis près d'un siècle (cannes, moulinets). La réalisation des mouches artificielles pour la pêche à la truite et au saumon.

● **Des films** sur les rivières, les salmonidés et leur pêche, les actions de remise en valeur des cours d'eau.

● **Une salle de documentation** à la disposition du public (hebdomadaires, mensuels, rapports et études scientifiques, articles de presse).

● **Des circuits.** Sur demande possibilités de vi es guidées :
  : Circuits courts à proximité de la Maison de la Rivière.
  : Circuits organisés de découverte de la vallée de l'Élorn : stations d'épuration, parcours aménagés, salmoniculture, trappes de comptage, observations de remontées de saumons à certaines périodes de l'année, rencontres avec des scientifiques, des responsables d'associations.

● **Interventions possibles en milieu scolaire.**

E10

Above are details of a tourist center in Brittany. Name five attractions of *La maison de la rivière, de l'eau et de la pêche.*

VILLE DE COMPIEGNE

Tél. 440.05.41   *BASSIN D'ÉTÉ*   2, Cours Guynemer

**Ouvert tous les jours de JUIN à AOUT
de 9 h. 30 à 20 h. sans arrêt (Semaine et Dimanche)**

Terrain de Jeux pour les Enfants

au Bar : Casse-Croute, Boissons, Glaces au bord de l'Oise

Entrées et Leçons : mêmes tarifs qu'à la piscine d'hiver

E11

You would like to go swimming in the French town where you are staying and you see this poster.

1 Could you go to this swimming pool on a Monday?

2 What other facility is offered for children?

3 Name two things you could buy at the bar.

VILLE DE COMPIEGNE
PISCINE MUNICIPALE D'HIVER

Tél. 420.46.06   15, Avenue de HUY

HEURES D'OUVERTURE AU PUBLIC :   TARIFS :

LUNDI	12 h à 14 h	17 h à 19 h	ADULTES	6 F 00
MARDI		17 h à 21 h	Carnet de 13 tickets	60 F 00
MERCREDI	9 h 30 à 12 h	15 h à 19 h	ENFANTS	
JEUDI		17 h à 22 h	moins de 5 ans accompagnés	**gratuit**
VENDREDI		17 h à 19 h	de 5 à 16 ans	3 F 00
SAMEDI	12 h à 13 h 30	14 h 30 à 19 h	Carnet de 13 tickets	30 F 00
DIMANCHE	9 h 30 à 13 h	14 h à 17 h	SPECTATEURS	2F,00

Demi-Tarif le Dimanche Après-midi

LEÇONS DE NATATION : 12 F 00 la leçon
(sur rendez-vous)   100 F 00 le forfait de **10** leçons

Même horaire, sauf mercredi et samedi où les leçons ne débutent qu'à 17 heures

Pas de leçons le DIMANCHE.

E12

The town has a second swimming pool and you consult the opening and closing times above.

1 Could you go on a Wednesday at 11 a.m.?

2 Could you go on a Sunday at 1:30 p.m.?

3 Could you go on a Tuesday at 8 p.m.?

4 How much would it cost your friend, who is 15, to go?

5 What is special about Sunday afternoons?

6 How much are swimming lessons?

P

a) Savez-vous nager? Si oui, quand avez-vous appris à nager?

b) Préférez-vous aller à la piscine ou à la mer? Pourquoi?

You are staying with a friend at the *Camping Echo du Malpas* in Argentat. On August 9th you decide to hire a canoe for two days to travel to a campsite at Vitrac.

TARIFS LOCATION

	canoë ou k2* 2 pers.	kayak*	vélo 1 pers.	planche à voile	tente	bidon
Heure (sur plan d'eau)	31	21		35		
Journée	130	95		100		8
Semaine	650	450	250	520	160	50
Quinzaine	1170	810	490	830	260	80

*Ces prix comprennent la fourniture des pagaies et des gilets.

- Assurance dommages (1) canoë ou kayak : 4 F par heure - 12 F par jour.
- Participation remontée des personnes : 12 F par personne et par étape (entre deux bases).
- Transport des bagages : 12 F par personne et par jour.
- Descentes accompagnées : 12 F pour groupes sur demande.

(1) L'assurance dommages couvre la casse, la perte ou le vol du canoë ou du kayak, à l'exclusion des accessoires.

Copy the *bulletin d'inscription* and complete with the required information.

120 km   en Canoë-Kayak

ARGENTAT — Plan d'eau - Initiation
Camping GIBANEL****

— Départs circuits :
Camping ECHO DU MALPAS
Tél. : 55 28 80 70

21 km

BEAULIEU   Base nautique - Piscine
Tél. : 55 91 21 83

Étape intermédiaire possible à la Ginguette à Puybrun. Nuit au Camping "La Sole"***

23 km

SAINT-DENIS MARTEL   Base SAFARAID (au pont)
Tél. : 65 32 52 72

Étape pour la nuit au Camping Les Granges ***

15 km

SAINT-SOZY   Camping MONTAZEL
(au pont)
Tél. : 65 32 25 03

17 km

SOUILLAC   Camping de LANZAC
(au pont)
Tél. : 65 32 72 00

14 km

ST-JULIEN-L.   Camping Municipal
(au pont)
Tél. : 53 29 82 84

16 km

VITRAC PLAGE   Base SAFARAID
(plage) Tél. : 53 28 22 19

14 km

BEYNAC   Arrivée
Sous le pont de chemin de fer
de VEZAC, rive droite.

BULLETIN D'INSCRIPTION
(Voir nos conditions générales)

NOM : _____ Prénom : _____
Adresse : _____ Tél. : _____
Je désire louer le matériel ci-dessous aux conditions de votre tarif
pour la période du _____ au _____ inclus.
Point de départ : _____ Point d'arrivée : _____

	NOMBRE	DURÉE			PRIX
		journée	semaine	quinzaine	
canoës					
kayaks bi.					
kayaks					
tentes - vélos pl. à voile					
		Assurance-dommages canoë ou kayak			
				TOTAL	

Ci-joint un acompte de 30 %, soit la somme de _____
(Crédit Agricole Prayssac n° 01073971000)

On the right are details of the campsite. Briefly describe the situation and attractions of *Camping «Borie de Bar»*.

Sur la Commune de VITRAC,
Entre SARLAT et la DORDOGNE,

CAMPING A LA FERME
"Borie de Bar"
VITRAC - 24200 SARLAT
Tel : 53 59 17 57

Ses emplacements en terrasse,
dans un joli sous-bois, vous
offriront tranquilité et détente.

Nombreuses activités très proches
(dans un rayon de 5 km)
Baignade, Canoë, tennis, équitation,
randonnée pédestre ......

B Le tennis, le cyclisme, le hippisme et le ski

E14
You want to improve your tennis while in France and you see this advertisement for a club.

Tennis-Club de Coat-Congar

4 COURTS EXTÉRIEURS
2 COURTS COUVERTS

Abonnement à l'année
Location horaire

ÉCOLE DE TENNIS
Jeunes : mercredi - samedi
LEÇONS PARTICULIÈRES
COURS COLLECTIFS - STAGES

Tél. 62.07.31

1 Can you play tennis at this club when it rains?

2 When are young people specifically catered to?

3 Can you have private lessons?

CULTURE PHYSIQUE — Dans les clubs de plage au nombre de quatre, répartis sur les trois plages, ainsi que diverses activités (volley-ball, hockey, jeux pour enfants, natation).

NATATION — Piscines d'apprentissage, de perfectionnement. Piscine d'eau de mer chauffée à l'Institut de Cure Marine.

TENNIS — Perros-Guirec dispose de cinq courts en terre battue sur la plage de Trestraou, 2 courts à Ploumanach, 2 à Kervoilan. Tournoi International début août.

TENNIS DE TABLE — Se pratique toute l'année à la salle du T.T.C.G., rue des Fr. le Montréer. Des tournois hebdomadaires ont lieu au cours de la saison.

E15
You have selected your four favorite sports from the local tourist brochure.

1 Where can you play volleyball?

2 What sort of water is in one of the swimming pools?

3 When does the international tennis tournament take place?

4 When can you play table tennis?

5 Given the list of activities in this area, which of the above four sports do you think is best provided for?

P
a) Pratiquez-vous un sport en particulier? Lequel? En quelle saison?

b) Pourquoi aimez-vous (ou détestez-vous) les activités sportives?

E16
This article is about cycling.

1 When did Laurent Fignon fracture his collarbone?

2 How did the accident occur?

3 According to the reporter, what problems will he have to face?

4 His great cycling rival is Bernard Hinault. How much older is Hinault than Fignon?

CYCLISME

Laurent Fignon : le coup dur

Début de saison compromis pour Laurent Fignon, qui a été victime d'une chute aux Six Jours de Madrid : fracture de la clavicule.

Laurent Fignon a abandonné les Six Jours cyclistes de Madrid, victime d'une fracture de la clavicule droite. Laurent Fignon a chuté vers midi à l'issue d'une course-poursuite entre lui et Navarro, remportée par le Français. Alors que Navarro attendait Fignon pour lui lever le bras en signe de victoire, le Français a perdu l'équilibre. Dans la chute, il a en outre cassé ses lunettes et s'est coupé à une arcade sourcilière.

Fignon, qui faisait équipe avec son compatriote Alain Bondue, doit rentrer aujourd'hui en France.

Réadaptation

C'est un coup dur pour le vainqueur du tour 1984, qui reprenait progressivement une activité de haut niveau, après une opération de la cheville en avril, par les soins du docteur Saillant. Bien sûr, pareille opération doit en général réussir, et les possibilités d'échecs sont minces. Mais un champion sait aussi que, pour reprendre sa place dans l'élite, il lui faut un « plus » qu'il n'est jamais certain de retrouver tout à fait. Fignon n'était-il pas resté 258 jours sans aucune activité physique réelle?

La longue réadaptation de son grand rival Bernard Hinault

après une opération au genou, également pour des douleurs tendineuses, était déjà là pour démontrer combien la reprise de contact est difficile. Même si Fignon a quelque six ans de moins que son aîné et ex-coéquipier chez Renault, il savait bien que la passe serait difficile à franchir.

Il n'y aurait rien eu de dramatique, en temps ordinaire, à une fracture de la clavicule chez un champion en pleine forme physique. Mais dans le cas de Fignon cette chute va retarder sa réadaptation lente au rythme de la haute compétition. Elle va l'empêcher de paraître dans les classiques de printemps, et l'on peut craindre qu'elle n'hypothèque le rôle qu'il espérait tenir dans les grands tours de la mi-saison.

La malchance s'acharne donc sur un surdoué. C'est dorénavant son caractère qui va être mis à l'épreuve, plus que son talent naturel. Plus que jamais le voilà condamné à faire aussi bien... que Bernard Hinault !

ÉQUIPEMENT DES CENTRES HIPPIQUES

Raison Sociale	Localité	Boxes	Stalles	Manèges	Nombre de chevaux à la disposition du Club	Activités	Carrière	Encadrement
Centre équestre d'EPOURDON	BERTANCOURT-EPOURDON	37		23 x 12,5 35 x 13	15	Stages, instruction compétitions, promenades	100 x 80	Instructeur diplômé
Equitation du Soissonnais	BELLEU	25	10	40 x 20	35	Instruction, stages, promenades, compétitions	60 x 20	Moniteur diplômé
Ecole d'équitation de la forêt de Retz	DAMPLEUX	25			20	Instruction, randonnées, stages	Une	Moniteur diplômé
L'Eperon de RIBEMONT	RIBEMONT	16	10	30 x 15	10	Randonnées, promenades, tourisme équestre 1 semaine, week-end, randonnées	20 x 40	Accompagnateur ANTE
Ranch YY (Ker-Equestre)	VILLIERS-ST-DENIS	16	4	15 x 30	12	Location de chevaux pour promenades	120 x 30	Accompagnateur Moniteur diplômé temps partiel

E17

You love horseback riding and your penpal suggests you go for a ride in the area one day.

1 Which center has the most horses?

2 You particularly wanted to go on a riding vacation for one week. Which center offers this facility?

P

a) Avez-vous jamais fait des promenades à cheval?

b) Aimeriez-vous posséder un cheval? Comment serait-il?

Profession : JOCKEY

Par Christian Fabre

Parmi cette génération, il est rare de trouver un apprenti de la trempe de celui que je vais vous présenter. Frédéric GRENET est né le 4 avril 1967 et comme beaucoup de jeunes garçons, c'est en regardant le tiercé à la télévision qu'il a décidé un beau jour de devenir jockey. Dès l'âge de 13 ans, il se présente au foyer des apprentis-jockeys à Maisons-Laffitte. Evidemment, il est déjà très passionné et il s'applique à apprendre son métier chez un expert en la matière en la personne d'Henri Gleizes. Ce maître d'apprentissage a formé de nombreux professionnels. Son école est réputée comme difficile et éprouvante pour ces adolescents. Pourtant, à la fin de cet apprentissage, chacun est fier d'être devenu un homme. Frédéric s'est accroché et dès l'âge de 16 ans il sortait du lot de tous les prétendants apprentis en même temps que lui chez son patron.

IL lui fallut une dérogation pour monter sa première course car sa licence n'était pas encore arrivée. C'était en 1983 à Saint-Cloud, associé à ALIDAD. Frédéric ne se mit en selle que deux fois l'année de ses débuts mais, dès la saison suivante, il fut largement sollicité.

En 1984 et 1985, il participa à une centaine de courses en plat pour sept gagnants et une cinquantaine de montes en obstacles pour deux gagnants.

FRÉDÉRIC GRENET

Il est assez exceptionnel de rencontrer un apprenti qui exerce ses talents aussi bien et avec autant de réussites en plat que sur les obstacles. Frédéric GRENET est un de ces rares garçons à être appréciés par de nombreux entraîneurs dans les deux spécialités. Malheureusement, Frédéric a décidé cette année d'abandonner Auteuil et Enghien pour se consacrer uniquement aux parcours moins dangereux que constituent les courses plates. Evidemment, il est tombé une dizaine

de fois mais ce n'est pas la peur ou le risque qui lui ont fait changer d'avis mais tout simplement un raisonnement logique. Frédéric ne connait pas pour l'instant de problème de poids et il a plus à gagner pour l'instant dans la plus prestigieuse des spécialités. Aussi bizarre que cela puisse paraître son plus mauvais souvenir réside dans une chute en plat. Il y a quelques semaines, en raison d'un tassement dans le peloton, Frédéric a chuté. Il s'est relevé avec un saignement de l'oreille et une lésion du rocher. Arrêté une quinzaine de jours, il n'a au contraire rien perdu de sa fougue comme un véritable passionné et professionnel qu'il est. Un cheval restera à jamais gravé dans sa mémoire c'est le brave NATURE qui lui a offert sa plus belle victoire aussi bien en plat ou il devançait deux chevaux de valeur tels que GREEN monté par Saint-Martin et SOUTHGALE monté par Guignard. NATURE a donné également à Frédéric sa plus belle victoire à Auteuil. Au plus profond de lui même Frédéric éprouve plus de sensations dans un parcours sur la Butte Mortemart qu'à Longchamp. Il exerce au mieux son métier et nous espérons avoir le grand plaisir de le revoir vaincre dans un tiercé aussi bien sur l'hippodrome du Bois de Boulogne qu'à Auteuil. Ce garçon sérieux est digne du nom de jockey.

E18

This article is about a young jockey, Frédéric Grenet.

1 What inspired Frédéric Grenet to become a jockey?

2 What role did Henri Gleizes play?

3 When did Grenet become a really popular jockey?

4 What sort of racing has Grenet become expert in?

You know that skiing is a dangerous sport. This article catches your attention in the newspaper.

1 What, briefly, is the article about?

2 Why were so few people injured?

3 Whom did the reporter speak to about the cause of the accident?

4 In what condition was Mme Lehenaff-Prigent?

Chute d'une télécabine à La Plagne
Six blessés, dont deux Brestoises

SIX PERSONNES – trois femmes et trois enfants – ont été blessées vendredi, à la suite de la chute de plusieurs mètres d'une télécabine de la station de La Plagne (Savoie).

« La télécabine s'est détachée à la sortie de la station La Plagen-Belle-Cote alors qu'elle se dirigeait vers la Belle-Plagne et elle est tombée sur les pistes de ski où elle s'est écrasée », a expliqué une responsable de la station.

Selon la gendarmerie, la télécabine a fait une chute de 8 m alors qu'à la direction de la station on affirme que celle-ci n'est tombée que d'une hauteur de 4 m.

L'accident s'est produit vendredi, vers 1 h du matin, peu avant l'arrêt nocturne des télécabines qui assurent la jonction entre les 10 villages disposés en étage qui constituent la station de La Plagne. Selon les gendarmes, c'est la rupture du filtrage de tension

d'un galet porteur qui est à l'origine de l'accident.

Mme Alice Lehenaff-Prigent, 61 ans, demeurant à Brest, a été gravement blessée, elle souffre de plusieurs fractures.

Les autres blessés sont : Mireille et Roselyne Lehenaff, âgées de 30 et 34 ans, demeurant respectivement à Brest et Malakoff (Hautes-de-Seine), ainsi que Mathieu et Dorothée Ruellan, 8 et 4 ans, de Malakoff, et Laurence Trognon, âgée de 13 ans, et domiciliée à Saint-Cyr-l'Ecole (Yvelines).

Vos enfants et vous
Les centres de loisirs

Toutes les communes de France ont leur centre de loisirs, ouvert aux enfants du primaire le mercredi et pour les « petites vacances ». Mais êtes-vous sûre de bien le connaître ? Lui aussi évolue...

La cocotte en papier bat de l'aile et l'enfilage des perles file un mauvais coton ! Plus question maintenant pour les municipalités de faire vieux jeu dans les centres de loisirs. *« Sur Paris, nous proposons aux 16 000 enfants qui fréquentent nos centres une palette complète d'activités : ils peuvent pratiquer le tir à l'arc, l'informatique, le karaté, la vidéo, la photo, l'escrime... Ils peuvent s'inscrire dans des ateliers de pâtisserie, de mime, de fer forgé, travailler le cuir ou le bois, aller au cirque, au musée, ou au cinéma... »*

Centres de loisirs, mode d'emploi

● **Renseignements et inscriptions :** à la mairie de votre commune ou de votre arrondissement, au bureau des centres aérés ou à la caisse des écoles.

● **Quel prix ?** Le prix de la journée en centre est fixé en fonction de vos ressources familiales (salaire plus allocations familiales moins loyer, le tout divisé par le nombre de personnes à charge). Concrètement, la fourchette s'étend de la gratuité totale à un maximum de 60 francs. Ce prix comprend toujours le repas du midi en cantine, le goûter et les activités. Parfois, pour les plus petits, une distribution de lait est organisée le matin.

● **A quel âge ?** Les centres maternels accueillent les enfants de quatre à six ans. Les centres primaires, eux, de sept à douze ans. Certains, toutefois, accueillent les enfants dès l'âge de deux ans.

● **Y-a-t-il une réglementation ?** Oui. Chaque centre a son propre règlement, mais tous sont soumis à la réglementation de la Jeunesse et des Sports qui fixe, entre autres, le nombre d'animateurs nécessaires : un animateur pour 12 enfants en centre primaire, un pour huit enfants en centre maternel.

● **Pouvez-vous choisir le centre où inscrire votre enfant ?** Normalement non. Le centre de loisirs étant financé par vos impôts locaux, on refuse à quelqu'un qui n'est pas contribuable de la commune de profiter de ses avantages sociaux. Si vous êtes jaloux du centre de loisirs de la ville voisine, à vous de convaincre vos élus de rattraper le retard.

P

a) Que pensez-vous des centres de loisirs français?

b) Quelles sont les différences entre un centre de loisirs et «a recreation center» dans votre pays?

Your French penpal has mentioned to you that his young brother attends a *centre de loisirs* in his town on Wednesdays. You cannot understand why you are not allowed to go along as well. His parents show you this article.

1 Where can you find these recreation centers?

2 How many children use recreation centers in Paris?

3 Which of the activities listed below are provided in the centers?
a) Swimming   d) Mime
b) Photography   e) Films
c) Aerobics   f) Woodworking.

4 Read the points raised on the left. Make one list of positive and one list of negative aspects of French leisure centers.

C   La photographie, la lecture, la télévision et le cinéma

Grand concours photo départemental

CONSEIL GÉNÉRAL D'INDRE-ET-LOIRE

Jusqu'au 30 mai

THEME

PORTES, PORCHES et PORTAILS de Touraine

TROIS CATÉGORIES :
- Plus de 16 ans
- 16 ans et moins
- Etablissements scolaires, mouvements et organismes de jeunes

10450 F de PRIX

EPREUVES NOIR ET BLANC OU COULEURS
format : mini **13 × 18**   maxi **18 × 24**
BIEN PRÉCISER
nom, adresse, date de naissance ou organisme, date, légende
et lieu de la prise de vue AU DOS DE LA PHOTO.

RENSEIGNEZ - VOUS - DEMANDEZ LE RÈGLEMENT

CONSEIL GÉNÉRAL D'INDRE-ET-LOIRE
CONCOURS PHOTO - B.P. 3217 - 37032 TOURS CEDEX
☎ 47.61.61.23

IMPRIMERIE DÉPARTEMENTALE

E21

A friend who knows that you like photography shows you this advertisement for a competition.

1 What are the themes of the competition?

2 Under which categories are entries allowed for the competition?

3 How much prize money is to be made available?

4 Do the photographs have to be in color?

5 Name five things that must be written on the back of the photograph.

P

a) Est-ce que vous aimez faire de la photographie?

b) Avez-vous un appareil-photo?

c) Quand prenez-vous des photos?

d) Quelle est la meilleure photo que vous avez jamais prise? Décrivez-la.

E22

Your penpal enjoys reading books, and is considering joining a book club. What do you understand about the special offers?

1 How much do you pay for the first three books you choose?

2 When can you obtain a free book?

3 What obligation is there to purchase a book regularly?

4 What additional gift do you receive if you join immediately?

Alain AUBRY, Président :
"Voici les grands avantages que vous offre le Service International du Grand Livre du Mois..."

■ Tout de suite, 3 livres au choix pour le prix d'un seul !
Choisissez vite vos 3 livres préférés parmi tous les grands succès de l'édition présentés à gauche (pages 1 et 2). Ces 3 livres vous sont offerts en édition **intégrale**, spécialement **reliée** et agrémentée d'une jaquette en couleurs, pour seulement 80 FF les trois (+ frais d'envoi).

■ Gratuitement, un lien permanent avec l'actualité littéraire.
Vous allez recevoir par avion, **gratuitement**, la passionnante Revue Littéraire du Grand Livre du Mois. Elle vous présente, sur une trentaine de pages, les **nouveautés** de l'édition : romans, documents, histoire, biographies, guides pratiques...

■ L'opinion de grands écrivains et critiques français
Toutes les nouveautés présentées dans la Revue sont décrites et commentées pour vous par de grands écrivains et chroniqueurs littéraires français. Ils vous parlent du sujet et de l'auteur, vous donnent leur opinion.

■ Les livres qui vous plaisent, dès leur sortie à Paris.
Lorsque vous aurez envie d'un livre, il vous suffira de le commander directement au Grand Livre du Mois. Quel

plaisir pour vous de pouvoir lire les œuvres qui viennent de paraître à Paris... aux meilleurs prix ! Et quelle facilité !

■ Des livres reliés au prix de l'édition brochée.
De plus, ces livres sont l'édition originale **reliée**, plus **luxueuse** et plus durable, au prix d'une édition brochée ordinaire. C'est un avantage bien agréable !

■ Des livres gratuits.
Enfin, pour toute commande d'au moins 4 livres, vous pourrez en choisir un 5ᵉ, **à titre gratuit**, plus d'autres cadeaux ! Soit des économies supplémentaires !

■ Une légère obligation d'achat
La seule chose que nous vous demandons pour bénéficier de tous les avantages du Club et du cadeau de bienvenue, c'est d'acheter 4 livres au rythme que vous souhaitez.

EN CADEAU SUPPLÉMENTAIRE
si vous renvoyez ce Bon tout de suite
un jeu de cartes exclusif
(Voyez vite au verso)

P

Préférez-vous les revues, les bandes dessinées ou les journaux? Expliquez votre préférence?

21.45 Multifoot

Magazine du service des sports.
Présenté par Thierry Roland.
A l'heure où nous imprimions ce numéro de « Télé Star », les sujets « magazine » et l'invité de ce soir ne nous avaient pas été communiqués.
« Multifoot » présente des extraits de quatre matches, choisis parmi les dix rencontres qui devraient se dérouler ce soir pour la 36e journée de championnat : Marseille/Bordeaux, Auxerre/Lille, Nice/Toulouse, Brest/Bastia, Nancy/Metz, Paris-St-Germain/Monaco, Lens/Strasbourg, Sochaux/Toulon, Rennes/Nantes, Le Havre/Laval.

23.30 Journal

23.45 TSF

Télévision sans frontières.
Spécial Kassav. Concert enregistré en Angola.
(0.45 : fin)

Jean Tigana, le milieu de terrain bordelais.

E23

You pick up a TV guide to find out why your penpal particularly wants to see a program at 9:45 p.m.

What sort of program does your penpal intend to watch?

JEUDI 28 AOUT

TF. 1

10.45 ANTIOPE 1
11.15 CROQUE-VACANCES
11.45 LA UNE CHEZ VOUS
12.00 TOURNEZ MANÈGE
13.00 LE JOURNAL DE LA UNE
13.50 DALLAS. Feuilleton américain.
14.40 BOÎTE A MOTS. Jeu. Suite à 17.00.
14.45 SCOOP A LA UNE. Jeu.
    Avec Christophe LAMBERT.
15.35 QUARTÉ A VINCENNES
15.45 CROQUE-VACANCES
17.25 HISTOIRES INSOLITES. Série fantastique française. **« Une invitation à la chasse »,** de Claude CHABROL.
18.25 DANSE AVEC MOI. Feuilleton brésilien.
19.10 LA VIE DES BOTES
19.40 LE MASQUE ET LES PLUMES.
    Avec Charlélie COUTURE.
20.00 LE JOURNAL DE LA UNE
20.30 L'HOMME A POIGNE. Feuilleton allemand de Wolfgang STAUDTE (6e épisode).
    ● Gustav Hackendahl, « l'homme à poigne », est ruiné. Eva et Erich, ses enfants, sont tombés dans la déchéance. Sophie, devenue infirmière, lui propose un emploi qu'il refuse...
21.30 ÉTAT DE GUERRE NICARAGUA. Reportage de Sylvie BLUM et Carmen CASTILLO.
22.25 HOMMAGE AU CHORÉGRAPHE ANTHONY TUDOR. Spectacle du Théâtre national de l'Opéra de Paris.
23.05 UNE DERNIÈRE

ANTENNE 2

6.45 TÉLÉMATIN
8.30 FORTUNATA ET JACINTA. Dernier épisode.
9.15 ANTIOPE VIDÉO
12.00 RÉCRÉ A. 2
12.45 A. 2 MIDI
13.30 LA CONQUÊTE DE L'OUEST.
    Feuilleton western.
14.20 L'ART AU QUOTIDIEN.
    « Petits échos de la mode ».
15.15 SPORTS ÉTÉ.
    Athlétisme : Championnat d'Europe.
18.50 DES CHIFFRES ET DES LETTRES
19.15 ACTUALITÉS RÉGIONALES
19.40 AFFAIRE SUIVANTE...
20.00 LE JOURNAL
20.35 MÉLODIE EN SOUS-SOL. Film français. Voir sélection.
22.35 ATHLÉTISME. Championnat d'Europe.
23.30 ÉDITION DE LA NUIT

FR. 3

17.30 CHEVAL MON AMI
18.00 GAUGUIN. Feuilleton français.
19.00 19/20. Actualités régionales.
19.55 LES ENTRECHATS. Dessin animé.
20.05 LES NOUVEAUX JEUX DE 20 HEURES
20.35 L'AMOUR EN FUITE. Film français de François TRUFFAUT (1978).
    C'est le cinquième et dernier épisode de la série consacrée à Antoine Doinel.
    ● Après avoir divorcé de Christine, Antoine cherche sa voie...
    ■ Avec Jean-Pierre LÉAUD, Marie-France PISIER, DOROTHÉE, Claude JADE...
22.05 SOIR 3
22.30 CONTES D'ITALIE. « Hiver de malade ».
23.30 PRÉLUDE A LA NUIT. Robert Schumann.

E24

One evening you and your penpal decide to watch television. You wonder how the programs compare with those broadcast in your country.

The list below shows a typical selection of programs on Canadian television. Which of these could you watch on French television on Thursday, August 28?

1 Regional News	4 Films	7 Talk shows	10 Cartoons
2 American series	5 Game shows	8 Interviews	
3 Sports programs	6 Documentaries	9 Plays	

E25

You switch on the television and find you are part-way through an episode of the series *Commissaire Moulin*. You remember that the TV guide contains a summary of the program.

Having read the summary, which of the following statements are true?

1 Moulin is trying to break up a drug network based in Marseille.

2 He tries to pose as a member of the gang.

3 Moulin is seduced by a beautiful dancer in a night club.

4 Moulin demands money from Fragoni, the young lady's protector.

5 Moulin reveals his true identity to Fragoni.

6 Fragoni decides that Moulin will have to be silenced.

COMMISSAIRE MOULIN

Eve Harling, Yves Rénier

La Bavure

SCÉNARIO DE PAUL ANDRÉOTA
RÉALISATION DE CLAUDE GRINBERG

Le commissaire Moulin **Yves Rénier**
Neubauer . . . . . . **Raymond Pellegrin**
La chanteuse . . . . **Eve Harling**
L'inspecteur . . . .**Clément Michu**
Fragoni . . . .**Albert Médina**
Lorca . . . . **Grégoire Aslan**
Alain Forget . . . . .**Michel Albertoni**

**SI VOUS AVEZ
MANQUÉ LE DÉBUT**

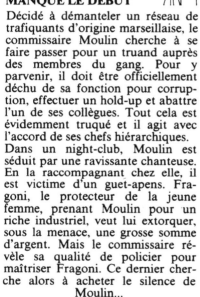

Décidé à démanteler un réseau de trafiquants d'origine marseillaise, le commissaire Moulin cherche à se faire passer pour un truand auprès des membres du gang. Pour y parvenir, il doit être officiellement déchu de sa fonction pour corruption, effectuer un hold-up et abattre l'un de ses collègues. Tout cela est évidemment truqué et il agit avec l'accord de ses chefs hiérarchiques. Dans un night-club, Moulin est séduit par une ravissante chanteuse. En la raccompagnant chez elle, il est victime d'un guet-apens. Fragoni, le protecteur de la jeune femme, prenant Moulin pour un riche industriel, veut lui extorquer, sous la menace, une grosse somme d'argent. Mais le commissaire révèle sa qualité de policier pour maîtriser Fragoni. Ce dernier cherche alors à acheter le silence de Moulin...

P

a) Regardez-vous souvent la télé?

b) Quelles sortes d'émissions aimez-vous regarder?

c) Quelle est votre émission favorite? Pourquoi?

CINÉMO

SEMAINE du 25 au 31 JUILLET

RIALTO 1
Tous les jours : 20 h. — 22 h.
Sauf Mardi : 20 h. 30
Dimanche : 14 h. 30 — 17 h. — 20 h. — 22 h.

PINOT, Simple Flic

Un film réalisé et interprété par Gérard JUGNOT avec J.-Cl. BRIALY,
Pierre MONDY, Fanny BASTIEN

RIALTO 2
Tous les jours : 19 h. 45 — 22 h.
Sauf Mardi : 20 h. 30
Dimanche : 14 h. 30 - 17 h. - 19 h. 45 - 22 h.

NOTRE HISTOIRE

Avec Alain DELON, Nathalie BAYE

E26

You want to go to the movies and see a film.

1 Can you see the film *Pinot, simple flic* at 8 p.m. on a Friday?

2 You are free all evening on Tuesday. Can you choose to see either film?

3 If you wish to see *Notre histoire* on a Sunday evening, what time do you have to be at the movie theatre?

 MOURIR D'AIMER
(Lundi, 20 h 25, La 5)

● On n'a pas oublié l'affaire Gabrielle Russier, cette femme professeur de lettres qui, s'étant éprise d'un de ses élèves, avait fini par se suicider, abandonnant ainsi la partie désespérée qu'elle jouait contre la société. C'est Annie Girardot, coupante, brusque et poignante, qui évoque ce personnage dans l'adaptation qu'André Cayatte et Pierre Dumayet nous proposent de cette histoire vraie. On y frise souvent le mélodrame, certains effets y sont faciles, mais l'émotion qui se dégage de ce film généreux laissera place, peut-être, à la réflexion.

Ce soir, ce sont les téléspectateurs de M6 qui décideront, par leurs appels téléphoniques à la chaîne, lequel de ces deux films ils souhaitent voir :

 GAROU-GAROU LE PASSE MURAILLE
(Lundi, 20 h 30, M6)

● D'après la très fameuse nouvelle de Marcel Aymé, une petite mise en images, mais une grande interprétation d'un comédien irremplaçable. Tendre et lunaire, Bourvil fait merveille dans le rôle d'un petit employé falot qui se découvre le don de transpercer les murs. L'humour et la poésie qu'il porte en lui sauvent de l'ennui un film qui, sinon, aurait bien du mal à... passer l'écran.

 LES GAULOISES BLEUES
(Lundi, 20 h 30, M6)

● Michel Cournot, critique sévère et emporté du *Nouvel Observateur*, réalisait son premier film en cette année 1968. Intelligent et sensible, le film manque hélas d'unité et son scénario de rigueur. Annie Girardot évolue avec Bruno Cremer dans une ambiance très « nouvelle vague attardée » et le tout dégage une petite impression d'ennui.

 LE TOURNANT DE LA VIE
(Mardi, 20 h 30, A2)

● Un superbe affrontement entre Shirley McLaine et Anne Bancroft, tourné par l'ancien chorégraphe Herbert Ross : c'est justement dans le milieu de la danse que se situe ce beau drame psychologique. Un « décor » passionnant et riche en tensions dramatiques ! En prime pour les amateurs : la présence du grand danseur Mikhail Baryshnikov, qui se révélait à cette occasion être aussi un véritable comédien.

 RIO CONCHOS
(Mardi, 20 h 35, FR3)

● Du beau, du très beau western pour commencer cette *Dernière séance* d'été ! Tout y est : splendides paysages, méchants Indiens, bons, brutes et truands ! La réalisation musclée de Gordon Douglas ne laisse aucune minute sans action et le duo Richard Boone-Tony Franciosa est efficace à 100 %. Distraction assurée.

 ALLEZ FRANCE
(Lundi, 20 h 30, FR3)

● Signée Robert Dhéry, voici une authentique comédie branquignolesque ! Les malheurs des supporters de l'équipe de France de rugby, en visite à Londres, ont fait éclater de rire les spectateurs de l'époque. N'hésitez pas à retrouver votre esprit de potache pour commencer cette semaine dans la joie, sans redouter que l'humour de Dhéry et ses acolytes ait pu vieillir : les grands enfants restent éternellement jeunes.

 DRACULA, PRINCE DES TENEBRES
(Mardi, 23 h 10, FR3)

● Programme éclectique ce soir sur FR3 : quittez le territoire des Apaches pour celui du comte Dracula, au beau milieu des Carpathes. Cette version de Terence Fisher, le maître du renouveau de l'épouvante en Grande-Bretagne (vous avez pu revoir récemment son *Chien des Baskerville*, marque la dernière apparition de Christopher Lee dans le rôle du vampire : pour des raisons techniques et financières, ses apparitions y sont déjà chichement comptées. Qu'importe : le baroque des décors, le classicisme des situations, la qualité de certains effets spéciaux font de ce film une excellente introduction à une nuit agitée.

 KARATEKA CONNECTION
(Mercredi 22 h 25, M6)

● Six fois champion du monde de karaté, Chuck Norris, le nouveau baroudeur du cinéma américain, sait faire des effets de manchette ! Vous pourrez le vérifier ce soir si vous êtes amateur de ces films très particuliers : tous les ingrédients du genre inventé à Hong Kong et repris ici par Hollywood sont au rendez-vous. A noter que ce film est sorti en France en 1979 sous son titre original de *Force One*. A noter aussi : la présence apaisante de la belle Jennifer O'Neill, l'héroïne d'*Un été 42*.

N. A PRIS LES DES
(Mercredi 23 h 00, FR3)

● Une curiosité, ce film produit par l'ORTF en 1971 qui est un remontage des séquences de *L'eden et après*. Le titre de l'un est d'ailleurs l'anagramme de celui de l'autre, et Alain Robbe-Grillet, pape du nouveau roman et passionné de jeu narratif, s'est essayé au récit aléatoire, l'ordre des séquences n'étant dicté que par des jets de dés. Tres intellectuel, ce petit jeu-là.

E27

Here is a list of films currently being shown on television. Which film would you consider watching if you liked the following types?

1 Westerns

2 Comedies

3 Horror films

4 Martial arts

5 Films based on true stories

6 Sports

P

a) Allez-vous souvent au cinéma?

b) Quel genre de films trouvez-vous le plus intéressant?

c) Décrivez un film que vous avez vu récemment.

D   Le théâtre, la musique et les spectacles

THÉATRE ET CULTURE

THÉATRE EDOUARD VII
8, Place Edouard VII - Paris-9e
Métro : Opéra, Madeleine, Havre-Caumartin

NOVEMBRE – Mercredi 29   –   Samedi 25
DÉCEMBRE – Mercredis 6, 13   –   Samedis 2, 9, 16
JANVIER – Mercredi 10   –   Samedi 13

LES FEMMES SAVANTES
de MOLIÈRE

14 h 30   Mise en scène de Marcelle TASSENCOURT

avec **Dora DOLL**

suivi d'un débat

BILLET SPÉCIAL - Avec ce billet il sera perçu 11,50 F (orchestre et corbeille)
valable pour deux places   par place   8,50 F (balcon)
                                                    4,00 F (galerie)

Ce billet n'étant valable que dans la limite des places disponibles, il est recommandé de louer d'avance : 6 jours avant la date choisie

Location : à notre bureau Théâtre et Culture, 25, rue Caumartin, Paris-9e et à 073-43-41
tous les jours de 11 h à 13 h 30 et de 16 h à 19 h, sauf dimanche et lundi

E28

Above are details of a performance of a play by the French dramatist Molière.

1 How many seats do you receive with the special ticket?

2 How much does it cost for orchestra seats?

3 Where can you buy this ticket?

4 Could you buy a ticket on a Monday?

5 Could you see this play performed on a Tuesday in January?

RAINER WETTLER "L'HOMME-OISEAU"

Un homme grand, maigre et inquiétant, habillé de sombre et illuminé par la ferveur d'un prophète nous persuade que nous sommes tous, au fond de nous mêmes, des oiseaux.

C'est RAINER WETTLER, l'homme-oiseau, à la fois mime, jongleur, clown et... philosophe. Son spectacle nous entraîne dans un univers où le burlesque se mêle à l'étrange et au baroque.

L'humour de l'HOMME-OISEAU et ses gags, son rire et ses larmes, la morale de cette histoire hautement loufoque nous illustrent tout le talent de RAINER WETTLER.

"Pourquoi l'homme en vol devient forcément un chasseur-bombardier ?" R. W.

E29

Leafing through a theatre program you come across this picture.

1 What sort of act does Rainer Wettler perform?

2 What is the critic's opinion of him?

LES TRAINS DU SPECTACLE

vous proposent

Concert "MADONNA"

LE SAMEDI 29 AOUT

PARC DE SCEAUX A PARIS

RC PARIS 5520 49447 B

FORMULE PLUS

LES TRAINS DU SPECTACLE

CONCERT "MADONNA"

PRIX AU DEPART DE :

-MAYENNE	390 F
-ILLE ET VILAINE	420 F
-COTES DU NORD	470 F
-MORBIHAN	480 F
-FINISTERE	510 F

Le prix comprend :
- Le transport aller et retour en 2ème classe
- Les transferts aller et retour par autocar spécial au Parc de Sceaux (départ de PARIS-MONTPARNASSE à 16 H)
- L'entrée au concert
- Les services d'un accompagnateur
- Les assurances assistance/annulation

DATE LIMITE D'INSCRIPTION : 25 AOUT

RENSEIGNEMENTS ET RESERVATIONS DANS VOTRE GARE OU AGENCE DE VOYAGES

NOMBRE DE PLACES LIMITE

E30

At the beginning of August you are staying in Finistère, Brittany and are delighted to see details of a Madonna concert. Your penpal is also a fan.

1 Where is the concert to be held?

2 How much does a ticket cost with this special offer?

3 What does this price include?

4 Why must you decide quickly if you wish to go?

5 Where could you reserve seats for this special performance?

Lyon, le 8 mai

Chère Sandra,

Merci pour ta lettre. Je suis contente de savoir que tes vacances se sont bien passées. Pour moi, tout s'est bien passé.

Je t'écris pour te raconter ma soirée d'hier qui a été l'une des meilleures que j'aie jamais passées.

Je suis allée voir Sade en concert avec deux amies. Déjà, au départ, nous avions eu des problèmes pour obtenir des places ; nous avions été obligées de prendre les moins chères, donc les moins bien placées. Une fois sur place, nous nous sommes débrouillées pour être mieux placées.

Le concert a été génial. Quel choc ! Quelle joie quelle voix et quelle présence sur scène ! Je ne regrette vraiment pas du tout d'y être allée. Le disque n'est rien à côté de sa prestation sur scène. Si jamais Sade passe dans ta région, vas la voir. Cela vaut vraiment le déplacement.

Amitiés,
À Bientôt !

Nathalie

E31

Here is a letter describing a concert.

1 When did the concert take place?

2 What did Nathalie think of the concert?

3 Who went with her?

4 Why did she change seats?

5 How does Sade's live performance compare with her records?

SPAGNA "Easy lady"

Spagna, comme son nom ne l'indique pas, est née à Vérone en Italie (la ville de Roméo et Juliette !). Son père jouait du piano, son frère compose et joue de la basse, il était donc assez logique qu'elle se laisse, elle aussi, attirer par la musique. Au départ, elle faisait cela plutôt par jeu, participant même à quelques petits groupes. « *Je chantais pour moi*, se souvient-elle, *mais je n'imaginais jamais que je me retrouverais seule sur une scène.* » Manquant peut-être d'assurance auparavant, elle a écrit pendant trois ans des chansons pour les autres et puis, finalement, elle s'est laissée convaincre par son entourage et a enregistré « Easy lady », son premier disque, en solo. Grand bien lui en a pris puisqu'aujourd'hui, elle déclare fiévreuse : « *La musique c'est plus qu'une passion, c'est toute ma vie.* » Quand elle ne travaille pas, Spagna aime passer du temps avec ses chats ou bien peindre des portraits de ses amis. Elle dit ne pas avoir étudié particulièrement son look (bien qu'il soit spécial). « *Aujourd'hui, je suis comme ça, demain, je peux être autrement, l'important c'est que je sois bien dans ma peau.* » Elle se définit comme étant déterminée, passionnée, aimant la sincérité. « *Même*, avoue-t-elle, *si pour les petits détails, je ne le suis pas toujours moi-même.* » Superstitieuse, elle ne quitte pas une petite croix qu'elle a autour du cou. « *J'ai beaucoup de chance* », conclut-elle quand on lui parle de son succès.

E32

You come across this article in a teenage magazine.

1 What is Spagna's musical background?

2 How did she start her career?

3 What does the title refer to?

4 What are Spagna's hobbies?

5 What qualities does she recognize in herself?

PLOUGASNOU

Vendredi 27 juillet
au port de PRIMEL

Vieux-Gréements
Goélette de la marine nationale

17 h - Arrivée des bateaux de pêche et Vieux Gréements

19 h - Buffet

20 h - Chants de Marins avec le groupe CABESTAN

A partir de 22 h - JAZZ et FEST-NOZ

avec les groupes
- HOT GAZ BAND
- TASSILI

Imp. LE BRETON - Morlaix

aujourd'hui dans votre ville LE CIRQUE ZAVATTA FILS

PRESENTE

8 h - Arrivée de la caravane et montage du

SUPER CHAPITEAU JAUNE et BLEU

11 h - PARADE et SPECTACLE GRATUIT sur le

car podium géant

18 h - JEUX ET SPECTACLE GRATUITS sur le CAR PODIUM

21 h - sous le CHAPITEAU **SUPER GALA SPECTACLE**

E33

While on vacation with your family, you catch sight of this poster as you are driving along. Your parents ask you to tell them what is happening.

1 Where is the event taking place?

2 What could you do if you arrived at 5 p.m., and left at 9 p.m.?

E34

Your younger brother is excited when he sees the above poster.

He asks the following questions.

1 When is the circus coming to town?

2 What color is the big top?

3 When does the show begin?

Can you answer him?

E35

You decide that you would particularly like to visit a *son et lumière* event.

1 You are with a group of five adults. How much will it cost you altogether?

2 You wish to go on Friday August 15th. What time must you arrive to obtain good seats?

Spectacle Son & Lumière

dans la cour intérieure du FORT de SALSES

Des Romains à nos jours, ou les tribulations d'un site

Un spectacle haut en couleur dans un cadre unique

en Juillet : les mardi et vendredi, ouverture des portes à 22 h. Début du spectacle à 22 h. 30 précises.

en Août : les mardi et vendredi, ouverture des portes à 21 h. 30 Début du spectacle à 22 h. précises.

Adultes : 30 Frs   Enfants : 15 Frs   Groupes de 30 : 25 Frs

Les groupes doivent obligatoirement réserver la veille au plus tard : ☎ 68 35 08 46 : répondeur

Spectacle préparé et réalisé par l'AEPR 15, rue du Bastion Saint-François, PERPIGNAN

avec la participation de l'Office Régional de la Culture

Imp. CATALANE, PERPIGNAN

You are on vacation with your ten-year-old brother and parents, and you are interested in attending various events.

PRIX DES ENTRÉES

Date	Heure		Prix du billet
20	21 h 00	Concert de chorales	30 F
22	21 h 00	Soirée Triskell	40 F
23	21 h 00	Théâtre en breton	25 F
	21 h 00	Fest-noz et jeux bretons	15 F
24	18 h 00	Présentation de costumes bretons	15 F
	21 h 00	Concert à la cathédrale	40 F
	21 h 00	Théâtre : Le Festin des Gueux	25 F
25	16 h 00 18 h 00	Conteurs - Ouïr Dire - Bretagne	20 F
	21 h 00	Soirée Folk - Wolfe Tones	45 F
26	14 h 00	Exposition culturelle	50 F
	15 h 00	Concert-exposition-vente artisans luthiers	10 F
	15 h 30	Marionnettes	20 F
	19 h 00	Animations éclatées	20 F
27	10 h 30 14 h 00	Concours d'instruments bretons	10 F
	14 h 30	Danses bretonnes et concert de bagadou	25 F
	16 h 00	Concert harpes et vielles	20 F
	21 h 00	Ballet chinois de X'ian	50 F
28	10 h 30	Grand défilé des ''guises'' bretonnes	15 F
	14 h 30	Abadenn-Veur	45 F
	21 h 00	Soirée musique et danses de Bretagne	25

Tous les autres spectacles, conférences, animations sont gratuits.

Possibilité de vente de billets par correspondance. A partir du début juillet, adresser chèque correspondant au nombre de places désirées.

Places assises au départ du défilé, Place de la Résistance, sans majoration.

RÉDUCTIONS

FORFAIT AU CHOIX :	A) Concerts des mercredi et jeudi	75 F
	B) Samedi - toute la journée	75 F
	C) Dimanche - toute la journée	75 F
GROUPES :	A) Samedi soir	30-40 F
	B) Dimanche (billet jumelé défilé et Abadenn-Veur)	50 F
	Réservation pour le spectacle du dimanche après-midi.	
COLONIES DE VACANCES :	Samedi soir	10 F
	Défilé gratuit	
	Dimanche après-midi	10 F
ENFANTS :	Gratuit jusqu'à 12 ans, sauf spectacles de marionnettes et de conteurs.	

Imp. Le Berre - Quimper

1 How much will it cost for all of you to see the following shows?
   a) A concert in the cathedral.
   b) A puppet show.
   c) An evening of Breton music and dance.

2 If your parents wanted to go to all the events on Saturday the 27th, how much would they save altogether if they bought two all-day tickets?

RENSEIGNEMENTS PRATIQUES

Musée de la Résistance Bretonne

Ouvert toute l'année :

de 10 h à 19 h, du 1er juin au 30 septembre

de 10 h à 12 h - 14 h à 18 h, du 1er octobre au 31 mai

ENTRÉE :
14 F pour adultes
 9 F pour les groupes (20 personnes minimum)
 8 F pour les enfants de 12 à 18 ans
gratuit pour enfants en-dessous de 12 ans

STATIONNEMENT :
à 150 mètres pour les voitures
Approche pour les cars

Documentation : dans les trois langues :
Français, Anglais, Allemand

Restaurant au bourg : 100 couverts.

A PROXIMITÉ :
MALESTROIT : charmante petite ville de caractère.
Renseignements touristiques au syndicat d'initiative,
téléphone : 75.14.57
LIZIO : Village vacances
ROCHEFORT EN TERRE : une des plus jolies cité
bretonne.
VANNES : golf du Morbihan
ST CYR COETQUIDAN : musée du souvenir.

E37

In Brittany you see details of this museum.

1 What sort of museum is it?

2 You would like to go in; it is noon on Sunday July 29th. Can you?

3 How much would your brother who is ten years old, pay to enter?

4 Where can you leave the car?

5 Your parents do not understand French, will they be able to understand anything?

P

a) Est-ce que vous avez une fête dans votre ville/village?
Qu'est-ce qui s'y passe?
Quand a-t-elle lieu?

b) Expliquez la fête de Saint-Valentin et Mardi gras.

c) Quelle est la date de ces fêtes?
Le jour de l'An
La fête nationale
La fête de l'Assomption.

d) Qu'est-ce que la Toussaint?

E38

Your parents decide to spend August in this town, and they ask you to describe the various events they could see. Which of the following could your parents attend?

1 Circus

2 Dances

3 Cabaret

4 Theater

5 Church music

6 Swimming contest

7 Guitar concert

8 Art exhibition

9 Organ and trumpet concert

10 Flower show

11 Poetry evening

12 Windsurfing regatta

13 Old postcard exhibition

14 Procession

AOÛT :

1er août - Soirée cabaret au blochaus

3 août - A l'église : Festival de musique sacrée, art et culture en Finistère, concert Deller Consort.

5 et 6 août - Helistar : baptême de l'air (terrain de football)

6 et 7 août - Escale du Belem

7 août - A l'église : concert orgues et trompettes, direction PH. Boringer

8 août - Place du phare, spectacle de funambules

9 août - Soirée cabaret

10 août - A la salle de basket, soirée dansante du tennis de table

11 août - Kermesse des dockers au port en eau profonde

12 août - Soirée poésie

13 août - A l'église : quator vocal du Léon

14 août - Soirée dansante (bal S.N.S.M. et Muco)

15 août - Inauguration des Orgues de l'Eglise, messe : 9 h30 et 17 h par l'organiste Gaston Litaize

15 août - Nouveau cirque Jean Richard

15 août - Régates de planches à voile

18 août - Exposition de vieilles cartes postales, salle de basket

19 août - Spectacle de danses "compagnie les Algues"

20 août - Cirque

21 août - A l'église Trio Robert Devisé, flûtes, luthe théorbe et viole de Gambe

22 août - Soirée cabaret

25 août - Régates "tour de l'Ile de Batz" en planche à voile

28 août - A l'église, concert d'orgues P. Ch. Figuiere

du 1er au 30 août - "Habitat de la Mer", exposition sur le Port

Chapter 5
Faire des courses

On aime toujours faire des courses quand on voyage à l'étranger.

Il faut donc vous habituer à la publicité et aux annonces commerciales qui cherchent à attirer votre attention.

A   Dans la rue

Here are some of the store signs you will see in the street.

A    B    C

D    E    F

G    H

I    J

E1

Write the letter of the store(s) that you would go to if you wanted the following articles or services.

1 A cake

2 A leather handbag

3 Some stamps

4 To have some dry cleaning done

5 To get your hair cut

6 A pair of earrings

7 A saucepan

8 A faucet washer

9 A newspaper

10 Some fish

P

a) Quel est le nom professionnel d'une personne qui travaille: dans une bijouterie? dans une boulangerie? dans une plomberie? dans un café? dans une école?

b) Qu'est-ce qu'on peut acheter dans une quincaillerie? Dans une pharmacie? Quelles sont les spécialités de l'Entreprise Lebrun?

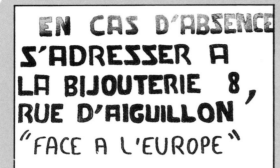

BOUCHERIE
ALIMENTATION COOP
BOULANGERIE PATISSERIE
CRÊPERIE

E2

1 Which of the following statements are true, according to this sign?
a) This way to the library.
b) This way to the jewelers.
c) This way to the butcher shop.
d) This way to the auction.

2 Can you eat in any of the places indicated?

A

EN CAS D'ABSENCE
S'ADRESSER A
LA BIJOUTERIE 8,
RUE D'AIGUILLON
"FACE A L'EUROPE"

B

HEURES D'OUVERTURE DE L'AGENCE

DU MARDI AU VENDREDI

  8H - 12 H ET 14 H - 18 H 30

LE SAMEDI   FERMETURE A   17 H 30

FERMEE LE LUNDI

E3

These signs are to be seen on the door of two different businesses.

1 Which sign (**A** or **B**) tells you what to do when the business is closed?

2 Look at sign **B**:
a) What day is the store closed earlier than usual?
b) When is it always closed?
c) Is it open at 1 p.m. on a Tuesday?

A

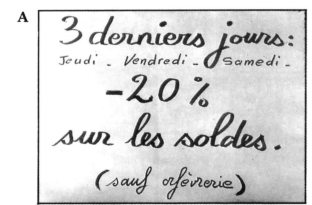

3 derniers jours:
Jeudi - Vendredi - Samedi -
-20%
sur les soldes.
(sauf orfèvrerie)

B

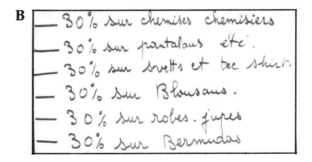

— 30% sur chemises chemisiers
— 30% sur pantalons été.
— 30% sur svelts et tee shirt.
— 30% sur Blousons.
— 30% sur robes. jupes
— 30% sur Bermudas

E4

Some special signs are shown above.

1 What are both these signs advertising?

2 In photo **A** what days are mentioned?

3 What sort of store is shown in photo B?

MACHINES
- COUDRE
- TRICOTER
- REPASSER
- ECRIRE

TEC **H** NIC'
MAC **H** INES

☎ 88.32.80

E5
This sign advertises a firm that sells and repairs machines. Which kinds of machines? Name them!

P

Qu'est-ce qu'un aspirateur? Un frigo?
Un cassettophone? Un appareil-photo? Un magnétoscope?

E6

You see the following information in an advertisement for a shopping center near you.

PRESLES PRESSING

ouvert du mardi
au samedi
8h-12h15 et 14h-19h15

Tél. 59.59.60

Carte de fidélité

*des pantalons, mais aussi
des pulls, chemises, jupes
et robes…*

Retouches gratuites. Carte bleue
Avenue Robert Schumann

**TABAC
CADEAUX
JOURNAUX
PAPETERIE**

LOTO

M. DUFIEF

53.59.05

**librairie
du boulevard**

librairie-papeterie
disques - jeux - cadeaux

ani disc'

SNC DUBAELE et Cie
4 bd de Presles - Tél. 59.59.14

carte de fidélité

**au pêcheur
matinal**

6 bd Presles Tél. 59.25.92

**TOUS MATÉRIELS
TOUS APPÂTS
ET AMORCES**

MICHEL PARANT

un pêcheur expérimenté
au service de tous
les pêcheurs

You decide to go to the shopping center on a Monday afternoon with several items on your shopping list. Which ones can you accomplish?

1 Take your pants to the dry cleaners.
2 Buy the current "number one" record.
3 Take a library book back.
4 Buy a French newspaper.

5 Buy a deck of cards.
6 Buy fishing bait.
7 Buy stamps for postcards.

E7

Can you get a late night drink here?

**CAFÉ - BAR
P.M.U.**

Le Presles

Mme MAGNE

Tél. 53.64.55

Ouvert de 6h30 à 21h

SUPREL

alimentation

*le spécialiste
des produits frais*

**Ouvert le dimanche matin
et le lundi après-midi**

Tél. 53.26.50

E8

What sort of store is Suprel?

P

a) Faites-vous les achats pour votre famille? Où allez-vous? Quand?

b) Racontez ce qui s'est passé la dernière fois que vous êtes allé(e) en ville.

c) Quelles sont les heures d'ouverture de votre supermarché local?

d) Est-ce qu'il y a des magasins ouverts le dimanche près de chez vous? Lesquels?

e) Préférez-vous qu'ils soient ouverts ou fermés le dimanche? Pourquoi?

B Dans les journaux

Here is a selection of advertisements for various kinds of stores.

HORLOGERIE
BIJOUTERIE
ORFÈVRERIE

BÔNE
L. ROBINE gendre et succ.
60, GRANDE-RUE
— TÉL.: 84 24.08 —

TOUTES RÉPARATIONS SOIGNÉES ET GARANTIES

E9

1 Can you buy bracelets here?

2 Can you get your watch repaired here?

ROSE FRANCE

85, Grande-Rue

FLEURISTE

LA SERRE
LIBRE SERVICE PLANTES

83, Grande-Rue
Entrée Libre

Tél. : 84.21.26 - 84.38.45

DINER'S-CLUB

INTERFLORA

E10

Is it true that you can help yourself to whatever is on sale?

LES PARFUMEURS DE PARIS

18, Grande-Rue - DIEPPE

EXCLUSIVITÉ
REVLON
RUBINSTEIN
STENDHAL

Elisabeth ARDEN, AYER,
LANCOME, ORLANE, PAYOT,
ROCHAS, CARON, CARVEN,
ACADEMIE, Max FACTOR,
PATOU, REVILLON, etc...

- TOUS ACCESSOIRES DE TOILETTE ET D'HYGIÈNE -

E11

1 Could you buy a toiletry bag here?

2 Could you buy film for your camera here?

RADIO TÉLÉVISION ÉLECTRICITÉ

A. SERGENT

3, grande-rue du Pollet (à côté du terrain de camping)

E12

Where exactly is this establishment?

CENTRALE PEINTURE

"La Maison de la Peinture"

67, Rue de la Barre - DIEPPE
— Téléphone : 84.15.41 —

TOUT pour la DÉCORATION de votre INTÉRIEUR

PEINTURES - REVÊTEMENTS MURAUX
PAPIER ET MOQUETTE

PAPIERS PEINTS

Dépositaire NOBILIS - INALTERA - P. DUMAS - ZUBER
LEROY - Société FRANÇAISE - Papiers peints de NANCY

E13

Can you buy a picture here to take home as a present?

Les **DISQUES** *toutes marques*

Les Téléviseurs-Electrophones-Transistors-Magnétophones

PATHÉ - MARCONI

"LA VOIX DE SON MAITRE"

aux Ets ANGOT *"Tout pour la Musique"*
à DIEPPE - Tél. 84.18.07 - 13-15, rue Lemoyne

Les Machines à laver et Réfrigérateurs

**CONORD
CANDY**

Atelier de réparation
Service après vente

E14

1 Apart from records, what six other items can you buy here?

2 Name one other service advertised.

P

Choisissez un des magasins ci-dessus. Ensuite, jouez une scène qui se déroule dans ce magasin. Vous et votre partenaire, vous prendrez les rôles d'un(e) employé(e) et d'un(e) client(e).

E17

Name four items of clothing for young people sold here.

E15

It will soon be your brother's birthday. You look at this advertisement because you may buy him a present in this store.

You have 130 F to spend and he already has a radio. What could you get for him?

P

Quel était le dernier disque que vous avez acheté?

E16

This advertisement is for a store near a campsite. List those of the following statements that are true.

1 You can rent rooms here.

2 This store sells both sleeping bags and cots.

3 You can pitch a tent here.

4 You can rent tents here.

5 You can buy knapsacks here.

6 This store sells boats.

7 You can buy waterproof clothing here.

8 You can get your bottles of camping gas refilled here.

E18

Look at the advertisements A, B, C and D.

1 Which store is open on a Sunday morning?

2 Which one is a shoe store only?

3 Where could you buy knitwear?

4 Where could you buy a silk tie?

5 Where could you buy rubber boots?

P

a) Est-ce que vous êtes obligé(e) de porter un uniforme scolaire? Décrivez-le. Qu'en pensez-vous?

b) Que porteriez-vous si vous étiez invité(e) à une discothèque?

E19

You need to do some washing and dry cleaning – what service does this establishment offer?

1 What could an average four kg dry cleaning load consist of?

2 How long would it take to wash an ordinary four and a half kg load? If it then took 15 minutes to dry, what would be the total cost?

3 Could you use this service at 5 p.m. on a Sunday?

ESSAYEZ....... VOUS SEREZ ETONNES !

LAVOMATIQUE

4 ,Rue des Lavoirs   MORLAIX CENTRE
Face Place des Viarmes Parking

**PRESSING AU POIDS
SELF SERVICE
40 F**

Exemple 4 kg Vêtements	1 costume 2 pantalons 2 jupes 2 pulls

= 45 mn

Vêtements , couvertures , couvre-lits , tentures , rideaux..

LAVERIE SELF - SERVICE
Lavage 4,5 kg de linge **30mn 15 F**
Lavage 10kg   45m 30 F
(couettes , duvets,grosses couvertures)

Séchage 7,5mn   2 F

OUVERT TOUS LES JOURS DE 8H A 20H SANS INTERRUPTION
ARTS ET LOISIRS 98 88 25 51

E20

If you had a vacation home in France, these advertisements might interest you.

Meubles LELION

Grand choix d'ensemble pour tous vos intérieurs
13, Rue Jeanne-d'Arc — CLERMONT-FERRAND
——— Téléphone : 42.67 ———
Conditions spéciales aux Mutualistes et facilités de paiement

Aux Galeries de Jaude
CLERMONT-FERRAND

LE MAGASIN LE PLUS IMPORTANT DE LA REGION

Nouveautés - Meubles   Articles Ménagers
Articles de Paris - Alimentation

1 What do all three establishments sell?

2 Which one offers home deliveries?

3 Which one sells food?

4 Which ones offer credit facilities?

5 Only one sells clothes — which one?

39, Rue de la Barre
DIEPPE
TÉLÉPHONE
84 - 36 - 42
(2 lignes groupées)

LE GRAND MAGASIN DE DIEPPE

3000 m² pour vous offrir

**ses TISSUS
ses VÊTEMENTS
ses MEUBLES
sa LITERIE**

tellement mieux qu'ailleurs et bien moins cher
LIVRAISON GRATUITE A DOMICILE
LARGES FACILITÉS DE PAIEMENT

P

Décrivez les meubles qui se trouvent dans votre salle à manger.

Here are two very different specialty shops.

COUVRE-PIEDS — COURTEPOINTES — ÉDREDONS
TISSUS D'AMEUBLEMENT — DESSUS DE LIT
DOUBLE-RIDEAUX — LITERIE — TAPISSERIE

Maison Aubertot

7, Rue Saint-Jacques - DIEPPE

CONFECTION —— RÉFECTION

Teinturerie - Nettoyages - Stoppage

Maison BRUNET

47, Grande-Rue - DIEPPE

Livraisons Rapides   Travail soigné et garanti

Make out a grid like the one below in your answer book. List what each establishment offers in the appropriate column.

1 Upholstery cloth   4 Dry cleaning   7 Curtain making   9 Carpeting

2 Quick deliveries   5 Bedspreads   8 Hem repairs   10 Bed linen

3 Comforters   6 Darning

Maison Aubertot	Maison Brunet

CHAUFFAGE CENTRAL
BRULEURS MAZOUT
PLOMBERIE - ZINGUERIE - SANITAIRE
COUVERTURES TUILES ET ARDOISES

E^{TS} **CHAMBONNET** Père & Fils

15, Rue Massillon
CLERMONT - FERRAND
Téléphone : 92.61.39

CHAUFFAGE CENTRAL

INSTALLATION : MAZOUT-GAZ
TRANSFORMATION : MAZOUT

Crédit 3 à 5 ans

Bruleurs FRANCIA

SANITAIRE

Salles de Bains couleurs

COUVERTURE

— RÉPARATIONS —
— RAPIDES —

REMY LEBAS

TÉL. 84.37.78
14, RUE DE LA RADE
DIEPPE

CHARBONS

POUR CHAUFFAGE ET CUISINE

Thoumyre-Graigola

DIEPPE

Bureau de Détail : **Rue de la Barre, 64**
Téléphone : 84.29.31

These are businesses that you might need to contact in winter.

1 What do all three of these businesses deal in?

2 Which of these stores is a family-owned company?

3 Which store advertises easy credit terms?

4 Which one advertises a quick roofing-repair service?

5 Where could you buy coal?

Here are three notices concerning hairdressers.

La Coifferie

Tél 67 - 30 - 28

INSTITUT KARINA

SOINS ESTHÉTIQUES
SUR RENDEZ – VOUS

Place du Général Leclerc
29228 PLOUGASNOU

E23
If you wanted to have a manicure, what do you need to do?

E24
What is the special offer?

CORINNE COIFFURE

PRIX CHOC
SHAMPOING _ MIS en PLIS
15,00
SALON CLIMATISE TEL.33.71.18

TARIF TVA ET SERVICE 15% COMPRIS	
COUPES	
STYLISEE	60
COLORATION	
COLORATION	65
DECOLORATION	54
PERMANENTE DIRECT	91
MISE EN PLIS	44
	54
BRUSHING	44
LONG	60
SHAMPOOINGS	
BAINS TRAITANTS	27
SPECIFIQUES	21

NELSON

E25
How much would it cost to have your hair tinted here?

UNE FAÇON
NATURELLE
D'AIMER VOS CHEVEUX

Martine Mahé
La coiffure
par les plantes

La coiffure par les Plantes
26, rue Vignon
Paris 75009
Tél. (1) 42. 65. 71.54

Il y a les cheveux gras, les cheveux secs, les cheveux qui tombent, ceux qui sont fatigués, abimés, ceux qu'il faut préserver, et puis ...il y a les plantes.
C'est à la fois une façon nouvelle d'aimer vos cheveux et une recette de grand-mère que je vous propose.
Avec cette gamme de produits naturels, à base de plantes et d'herbes plus ou moins rares, j'ai voulu retrouver ce temps où les cheveux vivaient sainement. Alors, pour eux, choisissez soigneusement la formule qui leur convient pour vivre longtemps. Rapidement vos cheveux sentiront bon la campagne et vous surprendront par leur brillant et leur qualité.

martine mahé

E26
You see this advertisement for a range of hair-care products.

1 What types of hair does Martine Mahé mention?

2 What is the main ingredient in her products?

C Les offres spéciales

You are on vacation with your family in Brittany. You park the car in the town of La Baule and when you return to it you find the following leaflet attached to the windshield.

TOUJOURS du SENSATIONNEL à LA BAULE...

A partir du 17 AOUT et jours suivants

GRANDE VENTE LIQUIDATION
du Stock

Loi du 30-12-1906

Autorisation Municipale

PLACE NETTE... TOUT DOIT DISPARAITRE
MISE EN VENTE IMMÉDIATE de MILLIERS DE VÊTEMENTS DE QUALITÉ

RABAIS CONSIDERABLES
DEMARQUES MASSIVES

CHAQUE ÉTIQUETTE PORTERA EN ROUGE LE PRIX DÉMARQUÉ

Quantité limitée

aperçu de quelques prix

Pour Hommes	ANCIEN PRIX	PRIX VENDU	Pour Hommes	ANCIEN PRIX	PRIX VENDU	Pour Dames	ANCIEN PRIX	PRIX VENDU
PANTALONS tergal léger	79	49	COSTUMES divers été	319	219	PANTALONS depuis	109	69
PANTALONS tergal divers	109	89	COSTUMES divers mode	459	379	BLOUSONS divers	159	119
PANTALONS tergal mode	139	109	COSTUMES luxe	569	479	CIRÉS fantaisie	79	59
PANTALONS tergal luxe	159	129	COSTUMES velours divers	439	349	IMPERS polyuréthane	229	179
VESTONS divers	169	89	COSTUMES velours luxe	559	479	IMPERS » luxe	299	269
VESTONS laine mélangée	289	229	INPERS tergal	239	179	IMPERS tergal	269	189
VESTONS mode	339	309	IMPERS tergal luxe	309	279	IMPERS tergal luxe	339	279
BLAZERS divers	239	169	IMPERS fourrés démont.	319	259	GABARDINES diverses	319	259
BLAZERS luxe	329	279	TROIS-QUARTS fourrés	389	339	GABARDINES » luxe	349	309
BLOUSONS tergal	139	99	CANADIENNES toile four.	239	159	MANTEAUX divers	319	249
BLOUSONS tergal fourrés	269	229	PARKAS divers	289	229	MANTEAUX loden	439	379
BLOUSONS imitation peau	219	159	CABANS divers	279	229	ENSEMBLES PANTALONS	448	379
VESTES TRICOTS SUÉDINE	269	219	CABANS luxe	389	339	VESTES diverses	219	149
ENSEMBLES SPORT	269	219	PARDESSUS	459	389	BLAZERS depuis	319	249
						KABIGS luxe depuis	339	309

GRAND CHOIX PULLS - CHEMISERIE - SPORT-VEAR - RAYON GARÇONNETS
et **10** % sur le RAYON PEAUSSERIE hommes - dames : MANTEAUX, VESTES, BLOUSONS agneau
Quantité limitée - Spécialité grandes tailles

vêtements P.K.
230, avenue de-Lattre-de-Tassigny - LA BAULE

OUVERT TOUS LES JOURS de 8 H. 30 à 19 H. 30 et DIMANCHE MATIN
ENTREE LIBRE

R. C. SAINT-NAZAIRE 56 A 371

ÉDITIONS LA BAULE

Your parents ask you to explain it.

1 What sort of event does it advertise?

2 Do you know how many days it will last?

3 What is the reduction on men's overcoats?

4 Are all the women's pants on sale for 69 F? Give reasons for your answer.

Pour vos photos couleurs
- **Prix avantageux**
- **Qualité soignée**
- **Rapidité**

NOUVEAU!
Vous pouvez choisir maintenant simple tirage ou double tirage

Nous développons aussi le nouveau disc Kodak

NASHUA PHOTO FRANCE
FILMPOST
B.P. 60
60500 CHANTILLY FRANCE

E28

You want to develop the photos you have taken while in France. You find this envelope in a magazine.

1 What three claims are made about this photo processing company?

2 What special service is offered to customers?

BON DE COMMANDE

Développement et **tirage simple** (1 photo par négatif)	Prix	Nb Films	Total
12 poses	34 F		
15 poses uniquement DISC	40 F		
20 poses	50 F		
24 poses	56 F		
36 poses	75 F		
	SOUS-TOTAL 1		
Développement et **double tirage** (2 photos par négatif)			
12 poses x 2	51 F		
15 poses x 2 uniquement DISC	64 F		
20 poses x 2	77 F		
24 poses x 2	90 F		
36 poses x 2	126 F		
	SOUS-TOTAL 2		
Participation port et emballage - France Métropolitaine + 5 F - Départements d'Outre Mer réexpédition avion + 10 F			
TOTAL GENERAL (sous-total 1 + 2 + frais de port)			

Ci-joint mon règlement par:
☐ chèque bancaire ☐ chèque postal 3 volets ☐ mandat lettre
Ne pas envoyer de timbres ni d'espèces. Merci.

Un service assuré par
NASHUA PHOTO FRANCE
R.C.B. 308.819.994.40036.8706

3 How much does it cost to develop a 135 mm × 36 print film?

4 How much extra do you pay to have an extra copy made of the same film?

5 What else do you have to pay for?

6 What is not accepted as a means of payment?

POUR ENVOYER VOS PELLICULES COULEUR DANS CETTE ENVELOPPE, C'EST TRES SIMPLE

1 · Inscrivez très lisiblement vos nom et adresse sur l'étiquette ci-dessous.
2 · Complétez le bon de commande.
3 · Glissez pellicules et paiement dans cette enveloppe.
4 · Fermez l'enveloppe, affranchissez-là et postez-là.

FP7068

Mr. Mme, Mlle ⌐⌐⌐⌐⌐⌐⌐⌐⌐⌐⌐⌐⌐⌐⌐⌐
Prénom ⌐⌐⌐⌐⌐⌐⌐⌐⌐⌐⌐⌐⌐⌐⌐⌐⌐
Rés. Bât. Esc. (etc...) ⌐⌐⌐⌐⌐⌐⌐⌐⌐⌐⌐⌐
N° ⌐⌐⌐ Rue ⌐⌐⌐⌐⌐⌐⌐⌐⌐⌐⌐⌐⌐⌐
Lieu dit ou hameau ⌐⌐⌐⌐⌐⌐⌐⌐⌐⌐⌐⌐
Code postal ⌐⌐⌐⌐⌐ Ville ⌐⌐⌐⌐⌐⌐⌐⌐

N'envoyez pas de pellicules noir et blanc, ni de diapositives.
Merci!
Si possible, inscrivez votre nom sur chacune de vos pellicules,
Merci!
Toutes les marques de pellicules sont acceptées.

7 To complete your order you will need to:
  a) enclose the film and payment.
  b) seal, stamp and mail envelope.
  c) fill in order form.
  d) complete name and address for return label.
Which number of the French instructions 1–4 corresponds with the English instructions *a*), *b*), *c*), *d*)?

8 Before you seal the envelope, you remember you've finished off a black and white film as well. Can you use this company?

D Aux supermarchés et aux hypermarchés

E29

Here is a list of items available at the local supermarket.

EPICERIE *SPECIAL VACANCES*

Dénomination de l'article (Contenance et Prix)	Prix au kilo et au litre	Prix compara-ratifs
Café Dégustation moulu, Stentor La paquet de 250 g.	11,30	45,20
Café Expresso en grains ou moulu, Maison du Café Le paquet de 250 g.	12,70	50,80
Le Grand Café pur Arabica, moulu, Maison du Café Le paquet de 250 g.	13,30	53,20
Croissants Le sachet de 10 (400 g.)	5,90	14,75
Pains aux raisins Le sachet de 6 (240 g.)	6,50	27,08
Chaussons aux pommes La barquette de 4 (400 g.)	9,90	24,75
Galettes de Pleyben La boîte 1/4 (850 g.)	23,50	27,65
Galettes des Monts d'Arrée Le sachet de 700 g.	12,80	18,28
Palets des Monts d'Arrée Le sachet de 550 g.	12,80	23,27
Boudoirs Delos La boîte de 18 (85 g.)	3,50	41,17
Assortiment de biscuits Menuet La boîte de 200 g.	6,70	33,50
La boîte de 400 g.	13,10	32,75
Cornets glace assortis La boîte de 165 g.	11,50	69,69
Chocolat ménage lait Le lot de 5 tablettes de 100 g.	9,90	19,80
Chocolat noisettes Milka Suchard La tablette de 100 g.	3,70	37,00
Chocolat au riz Milka Suchard La tablette de 100 g.	4,20	42,00
Chocolat noir extra supérieur Lindt La tablette de 100 g.	3,20	32,00
Bonbons menthe claire, Pie-qui-Chante Le sachet de 216 g. + 20 % gratuit	3,95	18,29
Le sachet de 485 g.	7,50	15,46

CREMERIE *SPECIAL VACANCES*

Dénomination de l'article (Contenance et Prix)	Prix au kilo et au litre	Prix compara-ratifs
Camembert Marcillat 45 % M.G. La boîte de 240 g.	4,95	20,62
Edam tendre 40 % M.G. Le kilo	27,50	27,50
Mimolette tendre 40 % M.G. Le kilo	28,90	28,90
Gouda tendre 48 % M.G. Le kilo	29,50	29,50
Tartare ail et fines herbes 70 % M.G. La boîte de 80 g.	4,20	52,50
St-Nectaire Auvergnat 45 % M.G. Le kilo	29,90	29,90
Bleu d'Auvergne Auvergnat 50 % M.G. Le kilo	29,00	29,00
La portion de 120 g.	4,80	40,00
Reblochon Reybier 60 % M.G. Le kilo	37,70	37,70

SURGELES CREMES GLACEES *SPECIAL VACANCES*

Dénomination de l'article (Contenance et Prix)	Prix au kilo et au litre	Prix compara-ratifs
Pimlico Miko La boîte de 8 (480 ml.)	9,90	20,62
Café ou chocolat Liégeois Miko La boîte de 4 (500 ml.)	12,00	24,00
Poires Belle-Hélène Miko La boîte de 4 (500 ml.)	12,00	24,00
Pâte feuilletée Vivagel Les 400 g.	5,60	14,00
Pizza Bellissima Vivagel 450 g.	13,90	30,89
Tranches pânées de merlu Vivagel La boîte de 8 (400 g.)	10,80	27,00
Filets de merlan Vivagel La boîte de 400 g.	13,50	33,75
Coquilles St-Jacques Mikogel Le sachet de 500 g.	49,90	99,80
Cuisses de grenouille Green Le sachet de 500 g.	18,60	37,20
Cailles Mikogel prêtes à cuire La barquette de 6 (780 g.)	33,80	43,33

LIQUIDES *SPECIAL VACANCES*

Dénomination de l'article (Contenance et Prix)	Prix au kilo et au litre	Prix compara-ratifs
Whisky 12 ans d'âge Produit Blanc, 40° La bouteille de 70 cl.	55,80	79,71
Porto Sandeman Ruby 19,5° La bouteille de 75 cl.	36,90	49,20
Vin Côtes du Rhône Pierre Vincent La bouteille de 75 cl.	7,50	10,00
Gros Plant La bouteille de 73 cl.	5,20	7,12
Pelure d'oignon La bouteille de 73 cl.	4,95	6,78
Muscat d'Alsace 1982 La bouteille de 70 cl.	13,50	19,28
Bordeaux rouge Fonset Lacour 1982 La bouteille de 75 cl.	11,95	15,93
Gamay de Touraine rouge 1983 La bouteille de 75 cl.	9,95	13,26
Sauvignon de Touraine blanc La bouteille de 75 cl.	10,90	14,53
Vin rosé de Loire Cellier La bouteille de 75 cl.	9,80	13,06
Vin rouge d'Anjou Cellier La bouteille de 75 cl.	9,80	13,06
Vin blanc Layon Cellier La bouteille de 75 cl.	11,50	15,33
Bière Kanterbrau Le pack de 10 bouteilles de 25 cl.	15,37	6,15
Bière Kanterbrau Le pack de 6 boîtes de 33 cl.	12,50	6,31
Bière Panach' Le pack de 10 bouteilles de 25 cl.	15,95	6,38
Bière Force 4 Le pack de 10 bouteilles de 25 cl.	16,50	6,60
Cidre brut ou doux La Cidraie Le pack de 4 bouteilles de 25 cl.	7,50	7,50
Boisson à l'orange Oasis Le magnum de 2 litres	7,90	3,95
Orangina Le pack de 6 bouteilles de 20 cl.	7,95	6,62
Boisson Cola Produit Blanc La bouteille de 1,5 L	4,50	3,00

You are doing the shopping for your French family today. Copy the list below and write down the price beside each article if it is available and put a circle around it if it cannot be bought at this store.

1 Coffee beans

2 Ice cream cones

3 Apple turnovers

4 Soft cream cheese with garlic and herbs

5 Yogurt

6 Frogs' legs

7 Onions

8 Bottle of champagne

9 Pack of ten beers – the cheapest kind!

10 Lemonade – two bottles

You have heard a lot about *hypermarchés* in France and as you are traveling along the highway you see this sign.

EUROMARCHÉ St Brieuc
UN GEANT AU BORD DE L'AUTOROUTE

Will you have to make a long detour to go to this *hypermarché?*

SAINT-BRIEUC
Route de Rennes - Langueux
Ouvert tous les jours
de 9 h à 22 h.
Fermé le dimanche.

E31

Here are the business hours of the *hypermarché.*

Is the *hypermarché* open at 8 p.m. on a Monday? If so, how long will you have before it closes?

E32

When you arrive in the parking lot you see this sign.

What should be done with the shopping carts after use?

Why?

pour éviter tout accident
replacer ici les chariots
après utilisation. merci

(23) **alim. enfants**
biscottes

parfumerie (25)

liquides (27)

E33

You are in a hurry and need to read the signs to save a lot of time.

Which aisle (23, 25 or 27) would you go along if you wanted to buy some cookies?

LAIT

lait écrémé /VERT	1 l.	2.85
lait entier /ROUGE	1 l.	3.65
lait demi-écrémé ✗R	1 l.	2.78
lait demi-écrémé ✗R	6 l.	16.68

E34

This sign shows the types of milk on sale.

1 What color carton do you look for to buy whole milk?
2 What type of milk can be bought in six liter containers?

E35

You want some steak.

Would you look here?

Give reasons for your answer.

PORC			AGNEAU		
COTE 1ER		35,30	GIGOT		59,00
– FILET		38,20	–	RAC	65,00
– ECHINE		30,90	–	MILIEU	66,00
ROTI –	A/OS	30,90	–	TRANCHE	80,00
PALETTE	A/OS	25,80	SELLE		41,00
POINTE	A/OS	20,60	COTE		60,00
–	S–OS	25,70	– FILET		61,00
ROTI FILET	S/OS	47,70	EPAULE	A/OS	44,80
FILET MIGNON		58,00	–	S–OS	49,60
POITRINE		19,90	POITRINE		26,00
ROGNON		19,90	COLLIER		39,80
COEUR		17,80	ROGNON		40,00
CERVELLE		3,45			

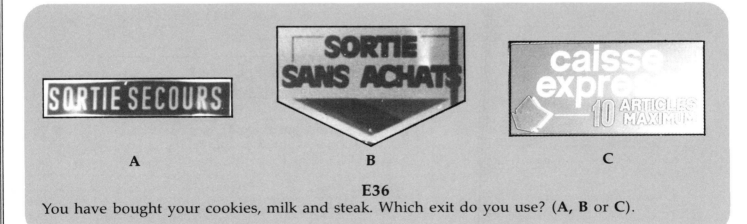

A SORTIE SECOURS

B SORTIE SANS ACHATS

C caisse express 10 ARTICLES MAXIMUM

E36

You have bought your cookies, milk and steak. Which exit do you use? (**A, B** or **C**).

P

a) Quelle est la différence entre un hypermarché et un supermarché?

b) Avec votre partenaire, faites une liste des rayons d'un hypermarché, et puis une liste de ce qu'il y a à vendre dans chaque rayon.

EUROMARCHE SERVICES

CORDONNERIE EXPRESS
TALON - MINUTE

REPRODUCTION IMMEDIATE
DE TOUTES VOS CLES,
VOITURE,VERROU,SURETE,STYLE,etc...

PLASTIFICATION DE VOS
PIECES D'IDENTITES

QUALITE. RAPIDITE. SERVICE.

E37

You are handed this advertisement as you leave the *hypermarché*. You wonder what services are available since you've run into a few problems!

You need to:

1 get your shoe repaired.

2 get your watch repaired.

3 have a passport photograph taken.

4 buy a toy car for your younger brother.

5 get a key made.

Which tasks can be accomplished here?

E38

You come across a very long article about shopping in *les grandes surfaces* – that is, large superstores. The article puts forward the advantages and the dangers. Here are the article's main points.

POINT de rencontre privilégiée de la grande majorité des consommateurs : les grandes surfaces. Que l'on aille dans un super ou un hyper, on n'y trouve que des avantages. Le choix est énorme, les prix sont sans commune mesure avec l'épicier du coin. Bref, c'est le nec le plus ultra de la société de consommation.

1 Can you list the attractions of superstore shopping?

2 Can you say how one should get the best from visits to these stores?

3 Do you think that the original complete article was for or against superstores?

Comment éviter les pièges

IL n'existe bien entendu pas de recette miracle pour éviter de tomber dans ces pièges. Mais on peut tout de même être un peu plus attentif :

- En premier lieu, il faut prendre soin de venir avec une liste des courses que l'on veut faire.
  Cela évitera ainsi de se laisser tenter par des produits attirants, mais pas vraiment indispensables.
- Ensuite, et dans la mesure du possible, il est préférable de venir sans les enfants. Leur enthousiasme devant les belles vitrines, et aussi leur inexpérience en font des cibles privilégiées pour les annonceurs.
- N'hésitez pas non plus à faire jouer la concurrence. Malgré le nouveau système de code-barres, les prix doi- vent obligatoirement être affichés.

- Evitez, là aussi quand c'est possible, de venir aux heures de grosse affluence. En étant plus au calme, et sans la crainte de faire la queue aux caisses, vous aurez plus le temps de faire attention à ce que vous mettrez dans votre caddie.

- Dernier point, et malgré la généralisation de ce système, ne venez pas avec des cartes de crédits ou, éventuellement, un chéquier. Avec de l'argent liquide, on «concrétise» mieux ce que l'on dépense.

E39

Shopping is undergoing a revolution, according to the two articles that follow.

PROFIT

Les chemises et les jeans se vendent comme des bonbons...

Le prêt-à-porter se met à l'heure du prêt-à-distribuer : au PLM St-Jacques, il suffit de choisir une chemise dans un distributeur automatique puis de payer avec une carte bancaire. En octobre, il en sera de même pour les jeans, dans le métro parisien.

Une nouveauté pour les consommateurs : se payer un Jean ou une chemise dans un distributeur tout comme n'importe quelle friandise. Le produit est présenté dans la vitrine de la machine, on choisit sa taille et son modèle, on paie avec une carte bancaire et on l'emporte immédiatement.

Le distributeur de jeans Levi's installé à la station de métro Auber à Paris (voir *Libération* du 02/07) a disparu. Il est actuellement à la foire de Cologne en Allemagne. Mais que se rassurent tous ceux qui n'ont pu en profiter, six machines identiques seront installées dans le métro parisien début octobre. La BMP, société créée par les inventeurs du distributeur de jeans, projette également d'en diffuser une centaine dans les grandes villes françaises ainsi qu'au Canada et en Grande-Bretagne. En attendant, il n'y a plus qu'une machine à la disposition des adeptes de ce système : le distributeur mis en place par la firme Centmil Chemises à l'hôtel PLM St-Jacques, à Paris.

Cette nouvelle forme de vente en est à ses tout premiers pas mais, aux dires des fabricants, il s'agirait d'un marché en pleine expansion. Les résultats des tests préliminaires ont été concluants : une moyenne de 8,6 pièces par jour pour les jeans et de 2 par jour pour les chemises, ce qui permet d'amortir rapidement le coût de la machine (100 000 francs pour Centmil Chemises et 160 000 francs pour la BMP).

Les avantages de ce type de distribution sont nombreux. Pour le consommateur, c'est la possibilité d'acheter vite, à toute heure et à un moindre prix que dans le commerce (5 à 15 % moins cher) : les chemises sont vendues 290 francs, les Levi's 319 francs. Les appareils sont suffisamment au point pour qu'il ne puisse pas y avoir erreur sur la marchandise. Le principal problème est que le choix est encore très limité.

A la BMP, on estime que la vente par distributeur ne vaut que pour des produits connus. Il faut en effet sélectionner le produit avec soin. Un jean ou une chemise classique sont des valeurs sûres. Plus délicat est de s'attaquer aux vêtements féminins si on veut toucher une vaste clientèle. Pour la société qui gère le distributeur, ce système de vente entraîne peu de frais : pas de fond de commerce, un personnel très réduit (entretien et réassortiment de la machine), une rentabilité très vite atteinte sont des atouts précieux.

Le PLM St-Jacques a gracieusement prêté un espace à Centmil Chemises, estimant qu'il bénéficierait indirectement d'une bonne publicité. Mais la société envisage, à terme, de vendre son appareil à divers hôtels. Pour ce qui est des jeans Levi's, le produit est destiné à une plus large diffusion, il se vend d'ailleurs plus facilement.

La société Prométro, mandatée par la RATP se charge de trouver les emplacements adéquats dans le métro parisien. Pour cette société il s'agit de rendre service aux usagers et de rendre les lieux plus attrayants avec cette condition : ne pas gêner le trafic. La BMP loue ces espaces au même titre que n'importe quelle boutique déjà installée dans les couloirs du métro.

Les projets sont de multiplier les distributeurs, affirme-t-on chez les fabricants, et pas seulement dans le domaine vestimentaire. Dans nombre de pays, on connaît déjà les distributeurs de journaux et de cigarettes, pour lesquels la France ne donne pas les accords nécessaires. Les études sont en cours, c'est déjà un pas vers une autre forme de consommation.

Laure PANERAI *La vente automatique, un marché en pleine expansion*

1 If you wanted to buy a shirt urgently how could you do so at PLM St-Jacques?

2 What else is to be sold in this way?

3 Is this method of selling a first-time experiment? Give reasons for your answer.

4 List the advantages *a)* to the customer *b)* to the company.

5 What is the main drawback of the system?

6 Is the article above generally sympathetic to this innovation?

P

Que pensez-vous de ce système de vendre les vêtements?

...et l'essence s'achète à la carte et sans pompiste

Les stations-service se modernisent. Finies les attentes interminables, adieu aux pompistes : Mobil, Shell, Total lancent de nouvelles stations où le client se sert lui-même, paie avec sa carte de crédit automatiquement et sans passer à la caisse.

De notre rédaction lyonnaise.

Un grand panneau bleu et blanc à l'entrée de la pompe à essence explique au client le nouveau système de règlement : « *paiement automatique par carte bancaire jour et nuit* ». Cette station-service Mobil de Lyon, automatisée depuis deux mois, fait partie des quelques stations expérimentales lancées par les compagnies pétrolières pour tester les réactions du public.

Total en a ouvert une la semaine dernière en Dordogne, Elf inaugurera sa première station dans deux mois sur l'autoroute A26 dans la région de Saint-Quentin, tandis que Shell teste depuis bientôt un an deux Shellmatics à Villeurbanne et Rillieux-le-Pape près de Lyon.

Si les premiers tests sont positifs, ces stations automatisées – pour un surcoût de 250 à 300 000 francs – copiées sur les modèles belges et allemands, pourraient se multiplier sur le territoire français. Total envisage déjà d'ouvrir 50 à 60 stations munies de bornes automatiques d'ici à la fin de l'année, 150 à 200 l'année prochaine. Shell, de son côté, prévoit d'installer une dizaine de stations entièrement automatisées et une vingtaine associant paiement traditionnel et automatique.

Mais avant de généraliser le système, encore faut-il convaincre le client de son utilité. *A priori*, rien de plus simple. « *C'est comme pour retirer de l'argent aux guichets automatiques des banques* », explique René Pradier, le patron de la station Mobil, transformé pour l'heure en démonstrateur de service. Le client introduit sa carte bleue dans l'automate, il pianote son numéro de code confidentiel puis se sert directement à la pompe. Plus d'interventions du pompiste, finis les attentes interminables à la caisse, la pompe fonctionne 24 heures sur 24. Un gain de temps allié à plus de sécurité pour le pompiste : le risque de braquage disparaît.

L'automate de Mobil est programmé pour donner un plein en 3 minutes. Au-delà de ce temps, il s'arrête. « *S'il n'y avait pas de limite*, explique René Pradier, *l'automobiliste suivant pourrait tenter de profiter gratuitement de la carte du premier.* » Sécurité incendie aussi : si le feu prend, l'automate couvre client, pompe et voiture de mousse. Et puis, fin du fin, « *je n'ai plus de contestation sur les prix*, s'extasie René Pradier, *c'est comme les boîtes noires des avions, j'ai un journal de caisse ininflammable installé à l'intérieur de l'automate qui recense toutes les factures.* » L'automate surveille aussi les clients en ne leur accordant qu'une minute pour composer leur code confidentiel. Au-delà de cette limite, il décide que la carte doit être volée et... la mange.

Caroline TALBOT

E40

1 How would you know that you were entering a new-style service station?

2 In which countries have these already been operating?

3 What procedure should one follow to operate the pumps?

4 What are the advantages of this system?

5 What precautions are built into the system:
   a) In the case of fire?
   b) in case of fraudulent use?

EUROMARCHE
MORLAIX

Instructions de lavage

**RESTEZ DANS VOTRE VEHICULE
MOTEUR EN MARCHE
FREIN A MAIN DÉSSERRÉ**
(glaces fermées...)

1. **AU FEU VERT, AVANCEZ** sur la chaîne, roues-avant à hauteur du feu.

2. **LE LAVAGE SE MET EN MARCHE.**
   Votre véhicule est alors totalement pris en charge par la chaîne.
   - LAISSEZ LES VITESSES AU POINT MORT
   - LAISSEZ LE MOTEUR EN MARCHE
   - DESSERREZ LE FREIN A MAIN
   Pendant tout le lavage "NE TOUCHEZ PLUS, NI AUX FREINS, NI AU VOLANT".

3. **LE LAVAGE EST TERMINÉ AU FEU VERT.**
   Dégagez lentement l'aire de lavage.

Merci et bonne route.
EUROMARCHEZ !...

LAVAGE 20 F.
(MOUSSE, LAVAGE, RINÇAGE, CIRE FROIDE, SÉCHAGE)

CHAINE TURBO COMPACT

OUVERT MEME LE DIMANCHE DE 9h. à 13h.

E41

Study this set of instructions.

1 Where would you be sitting if you were operating this machine?

2 What precautions are you advised to take when using this facility?

P

Comment imaginez-vous la société de consommation en 2001?

Chapter 6
Manger et boire

Pour les Français l'art de bien manger et de bien boire est peut-être l'art le plus important de la vie. Vous connaissez sans doute quelques plats français, et même peut-être le vin français! A votre avis est-ce que la gastronomie est aussi importante pour vous et les gens de votre pays?

A   Les provisions

In France you will find yourself constantly surrounded by tempting signs and advertisements about food.

E1
What two things could you buy here?

E2
What can you buy here apart from ice cream?

PRIX		
PARISIENNE		4.00
CROISSANT		3.20
PAIN AU CHOCOLAT		3.40
CROISSANT AUX AMANDES		4.80
POMME		4.40
CHAUSSON		4.80
FAR BRETON		5.80
GRANDES BRIOCHES	9.90 &	19.80
KOUIGN AMANN		7.20
ORANAIS		5.20
FEUILLETÉ RAISINS		3.40
BRIOCHE		3.40
TOUT BEURRE		

E3
What ingredient is in all these cakes?

E4
Apart from *crêpes* containing jam and liqueurs, what other fillings are there?

CRÊPES	
FROMENT	
Beurre - sucre	5.00
Compote pommes	5.00
Chocolat	7.50
Confiture abricot	6.00
fraises	7.00
myrtilles	8.00
au miel	
Citron orange (fruits pressés)	9.00
Chocolat chantilly	12.00
Cointreau, cusenier orange	14.00
Grand marnier - rhum	13.00
Sibérienne	16.00

P
a) Donnez les noms de plusieurs pains français.

b) Donnez les noms de plusieurs pâtisseries françaises.

You intend to do your own cooking while on vacation, and you see this promotion on certain items of food at your local supermarket.

Here is part of your shopping list:

jar of apricot jam   can of peaches   1 kg coffee beans

20 eggs   6 coffee eclairs   500 g butter.

How much would these purchases cost you?

P

Avec un(e) ami(e), décidez ce que vous voulez acheter pour faire un pique-nique. Vous n'avez pas beaucoup d'argent à dépenser mais chacun a ses préférences.

Le choix du vin ne doit pas être une aventure !
une idée de cadeau ?

LA CAVE
DU CHÂTEAU

51, rue du Château
BREST
TÉL. 98.80.40.24
Ouvert le dimanche
Nous livrons toute la France à domicile

E7

You see this advertisement in a newspaper.

1 What is the advertisement about?

2 Why could this firm be of use to you, even though you are vacationing in Morlaix?

P

a) Que savez vous du vin français?

b) Pouvez-vous nommer les régions viticoles de la France?

E6

There are also some special offers on drinks.

1 Your parents ask you to select a cheap sparkling white wine and some orangeade for them. Which bottles would you suggest?

2 They also want a pack of beer. How much money will you need altogether?

CHAMPAGNES PÉTILLANTS

Champagne Morlant
brut ou 1/2 sec. la btlle de 75 cl
49 F 90
soit le litre 66.53 F

Kriter
brut ou 1/2 sec la btlle de 75 cl
21 F 35
soit le litre 28.46 F

Jus d'orange
brick 1 litre
3 F 20
soit le litre 4.63 F

Sirop Teisseire
orange grenadine citron menthe la btlle de 75 cl
9 F 95
soit le litre 13.26 F

Banga orange
la btlle de 2 litres
6 F 30
soit le litre 3.45 F

Bière Kanterbrau
le pack 2x 24 x 25 cl
33 F 35
soit le litre 5.55 F

Cahors Domaine de Meaux 1983
la bouteille de 75 cl
13 F 50
soit le litre 18 F

Cahors Les Rengades 1984
la bouteille de 75 cl
14 F 90
soit le litre 19.81 F

Bordeaux Générique
la bouteille de 75 cl
7 F 90

Médoc Château Longa 1983
la bouteille de 75 cl
16 F 80

Alsace Gewurztraminer
13 F 90

Listel Gris de Gris
8 F 30

Côtes du Rhône Contat
la bouteille de 75 cl
6 F 20
soit le litre 8.26 F

Beaujolais village 1984 Berard
la bouteille de 75 cl
17 F 90
soit le litre 23.86 F

B   Les cafés-restaurants: les publicités

Here is a selection of advertisements for places to eat.

E8

Why would this establishment appeal to you if you were considering celebrating a special occasion with a large group of friends?

E9

Why should you go here if you were on a tight budget?

Cafeteria du

RUE ALEXIS CARREL ☎ 420.40.54

nos installations

▲

— BAR

— SELF SERVICE
Pratique, rapide, économique

— RESTAURANT (au 1er étage) · 2 menus + 1 carte

Salle pour groupes jusqu'à 300 personnes.

6 menus au choix, prix net boisson comprise.

Service traditionnel par personnel qualifié.

Réservation au moins 72 heures à l'avance.

E10

Would this establishment appeal to someone:

1 looking for accommodations?

2 who is in the mood for a steak?

3 who is a vegetarian?

Give reasons for your answers.

P

a) Nommez quelques «fruits de mer».

b) Que fait un pêcheur? Que fait un poissonnier?

La Bergerie

SON MENU, SA CARTE
SES SPECIALITES
D'AGNEAU ET DE POISSONS

Lunches - Noces - Banquets
Repas d'Affaires

Domaine de Rimberlieu
60150 Villers-sur-Coudun
Tél. (4) 476.04.15

Fermé Mardi soir et Mercredi

E11

List the sentences that are true about this restaurant.

1 This restaurant has a fixed-price menu.

2 This restaurant can serve buffet meals.

3 This restaurant serves only lamb and mutton.

4 This restaurant can cater wedding receptions.

5 This restaurant does not deal with business functions.

6 You could eat trout here.

7 You could eat lunch here on a Wednesday.

8 You could not eat here on a Tuesday evening.

ANNETTE et ALAIN

seront heureux de vous accueillir à

L'Auberge "la Nuit de l'Eté"

et de vous proposer :

★ Les menus à la carte
★ Homards et truites en vivier
★ Les plateaux de fruits de mer
  de Septembre à Avril
★ Les spécialités gastronomiques

SALON POUR REPAS D'AFFAIRES

Cuisine faite par le patron

8, rue d'Ulm
60200 COMPIÈGNE

**Fermé le Mardi soir
et le Mercredi**

R. C. A. 313119315

Téléph. 440.28.44

Tous les jours de 6h à minuit

Le Strasbourg

BAR - SNACK - GRILL

Spécialités

12 Bd de Strasbourg - Soissons
Tél. 53.13.61

E12

You are staying in the Aisne region. Compare these
two restaurant advertisements. Which establishment
will you choose if you wanted the following?

1 You wish to eat very late at night.

2 You want to eat on a Tuesday evening.

3 You wish to arrange a business lunch.

4 You just want a light meal.

5 You want to eat lobster.

E13

This extract comes from a guide book to Brittany.

LESNEVEN 45

HÔTEL DE FRANCE*
RESTAURANT

Dans une maison de Maître du XVIIe siècle
Le propriétaire, Chef de Cuisine : Jean-Claude PETIBON
vous propose une cuisine légère et raffinée avec
quelques spécialités :
St-Jacques au Pernod - Saumon braisé au champagne
Steak de lotte aux petits légumes - Sole François 1er

Chambres à prix modérés, menu étape pour VRP
et pour la sécurité de nos clients nous mettons gratuitement à leur disposition notre PARKING PRIVÉ (5 boxes
+ 10 places) Clos le soir

LOGONNA-DAOULAS 46

LA GRIGNOTIÈRE
RESTAURANT

Monsieur et Madame R. JAOUEN

Spécialités de Fruits de Mer et Poissons

à 2 5 km de Brest par voie EXPRESS

3 salles particulières pour mariages et banquets
(piste de danse) - 3e Âge
29224 LOGONNA DAOULAS
TÉL. 98.20.64.36

MORLAIX 47

LA CIGALE
RESTAURANT

Françoise et Yannick

Menus à 39 et 50 F + carte variée

Fermé le mardi

3, PLACE DE VIARMES - 29210 MORLAIX
TÉL. 98.88.00.49

PLOUGUERNEAU 48

AUBERGE DU CORREJOU
Club vidéo - Discothèque
Ouvert toute l'année
RESTAURANT
Vue imprenable sur la mer
Ouvert toute l'année

Mariages - Séminaires - Baptêmes
Sortie 3e âge (prix très spéciaux)

Spécialité de homard à l'Armoricaine
Spécialités de fruits de mer et poissons

CORREJOU à PLOUGUERNEAU - TÉL. 98.04.70.98

From the information in the advertisements above, where would you go if you wanted the following?

1 A meal and dancing afterwards.

2 Fresh, local shellfish.

3 To eat in historic surroundings.

4 A restaurant with a view of the sea.

P

a) Avez-vous jamais dîné dans un restaurant français?

b) Quelle sorte de cuisine préférez-vous? — la cuisine française, anglaise, chinoise ou italienne? Pourquoi?

A

HÔTEL RESTAURANT ST MÉLAINE
Pierre PAUMARD
MENUS A 36 F et 42 F
Le plaisir de la cuisine traditionnelle dans une ambiance sympathique !
Ouvert tous les jours midi et soir
sauf dimanche midi
75, 77 rue Ange de Guernisac
MORLAIX
Tél. 88.08.79

B

TOUT NOUVEAU A MORLAIX
MENU A 36 F
Prix net vin compris
• Hors d'œuvre à volonté
• Brochettes
• Fromage - Dessert
RESTAURANT LA BAGATELLE
19, rue Ange de Guernisac
MORLAIX - Tél. (98) 88.10.98

C

Restaurant *"La Marée Bleue"*
M. et Mme. COQUART
Spécialités de fruits de mer, poissons
et viandes. Cuisine traditionnelle,
Carte et menus carte - Ouvert midi et soir
tous les jours sauf samedi midi et lundi
Réservations de 10 h à 14 h et à partir de 18 h
3, rampe St-Melaine - **MORLAIX**
Tél. 63.24.21

D

RESTAURANT LA TAVERNE
Prise de commande de 19 h30 à 23 heures
à midi : **PLATS A EMPORTER**
Bd. Sainte Barbe - **ROSCOFF**
Tél. 69.77.63

E

Service jusqu'à minuit

dans une typique maison
bretonne du XVI siècle
Auberge de la
"Pomme d'Api"
spécialités régionales et produits de la mer
49 RUE VERDEREL - St-Pol-de-Léon tél. 69.04.36

F

RESTAURANT
PÉKIN
spécialités Chinoises
et Vietnamiennes
Plats à emporter
ouvert tous les jours de
12 h à 14 h et 19 h à 23 h
sauf mardi midi et mercredi midi
4, Venelle au Son - MORLAIX
Tél. (98) 62.18.03

E14

You are on vacation with a group of friends who all have different ideas about eating out. Here are all your suggestions!

1 Carryout food.

2 Kebabs.

3 A pleasant atmosphere.

4 Seafood.

5 Chinese food.

6 A fixed-price menu with wine for less than 40 F.

7 A meal at 11:30 p.m.

8 A meal in a typical Breton building.

Which establishment (A–F) corresponds to which suggestion (1–8)?

C Les cafés-restaurants: les menus

E15

One day while on vacation, you see a restaurant displaying a fixed-priced menu.

**Restaurant
de la
Reine Anne**
45, Rue du Mur
29210 MORLAIX
Tél. 98 88 08 29

M E N U

Prix Net
74,00 F

Boissons non comprises

Terrine de Canard ou
6 Escargots Petits gris ou
Crudités ou
Crevettes Roses ou
Soupe de poisson ou
Jambon de Bayonne ou
6 Huitres creuses

_____

Coquille de poisson gratinée ou
Truite Meunière ou
Charcuterie

_____

Steak Grillé Me d'Hôtel ou
Escalope de Dinde à la Crème ou
Côte de Porc aux Champignons ou
Caille sur Canapé ou
Côtes d'Agneau grillée

_____

Fromages ou Fruits ou
Glaces ou Monaco ou Mystère ou
Orange ou citron Givré

*RESTAURANT
de la REINE ANNE
45, rue du Mur · 29210 MORLAIX
Tél 83.08.29*

Your mother hates fish, game and lamb and your father loves ham, trout and mushrooms. Suggest what they should order from this menu using a grid like the one below.

Course	Mother	Father
First		
Second		
Third		
Dessert	They love them all!	

P

a) Qu'est-ce que la volaille? Et le gibier?

b) Avez-vous jamais goûté à un plat régional français? Savez-vous le préparer?

N° 3 - MENU A 44 F

HORS-D'ŒUVRES VARIÉS
CARRÉ DE PORC ROTI AUX HERBES
PRINTANIÈRE DE LÉGUMES
FROMAGE
GATEAU TUTTI FRUTTI AU KIRSCH

BOISSON : 1 Vin cuit, 1/3 bouteille de Vin de Pays, 1/4 eau minérale, 1 café.

N° 4 - MENU A 50 F

QUICHE LORRAINE
PINTADE ROTIE GRAND-MÈRE
FROMAGE
POIRE BELLE HÉLÈNE

BOISSON : 1 Muscat, 1/3 bouteille de Beaujolais AC, 1/4 eau minérale, 1 café.

N° 5 - MENU A 65 F

ASSIETTE CRUDITÉS RICHES

(Asperge, cœur de palmier, cœur d'artichaut, maïs, tomate, œuf, salade)
COQUILLE DE POISSON DIEPPOISE
PIECE DE BŒUF ROTIE NIÇOISE
TOMATE, HARICOTS VERTS, FRITES
FROMAGE
PLATEAU DE DESSERT AU CHOIX

BOISSON : 1 Vin cuit, 1/6 bouteille de Sauvignon, 1/3 bouteille de Beaujolais, 1/4 eau minérale, 1 café.

N° 6 - MENU A 80 F

COQUILLE DE COLIN A LA PARISIENNE
BRIOCHE A LA REINE
ROTI DE VEAU PORTE MAILLOT
SALADE DE SAISON
PLATEAU DE FROMAGES
PECHE MELBA

BOISSON : 1 Apéritif de marque, 1/6 bouteille de Sauvignon, 1/3 bouteille de Beaujolais, 1 café, 1/4 eau minérale, 1 digestif.

Ces repas sont servis à table.
Toutes consommations ou supplément, qui ne feront pas l'objet d'accord préalable avec les organisateurs, seront perçus directement.

PARKING : 200 places.

E17

Here is a newspaper article about eating out in Paris.

1 What is the main attraction of this restaurant?
2 How long has the owner been offering this fixed-price menu?
3 What is a typical menu offered?
4 What else is included in the price?
5 How many people can eat in this restaurant?
6 Who used to help her run the restaurant?
7 Why does the owner not raise her prices?
8 Where does Maria live?

P

Si vous étiez étudiant(e) à Paris, choisiriez-vous ce restaurant? Pourquoi?

E16

Your penpal asks you out for an evening meal. Here are the menus.

1 What is the least you could pay for a meal?

2 Name three drinks offered with the 80 F meal.

3 You do not want to be restricted in your choice of dessert. Which menu offers you a choice?

4 You would like to eat roast beef and french fries and your friend would like to eat veal. Which menus do you choose?

P

Quel est votre menu préféré entre ceux de la liste à gauche? En quoi consiste-t-il?

Un menu complet à 5 F en plein Paris !

A LA « **CASA MIGUEL** », 48, rue Saint-Georges, dans le 9e arrondissement de Paris, l'inflation, on ne connaît pas... Maria Codina, 76 ans, affiche depuis cinq ans un menu à 5 F !
Voici, par exemple, le menu du jeudi 25 juillet :
Entrée : tranche de melon, salade de tomates ou haricots blancs.
Plat garni : couscous ou ragoût aux pâtes.
Dessert : demi-banane, demi-pamplemousse ou portion de fromage.
(Vin, pain et service compris.)
Depuis le 17 juillet, la vitrine de ce petit restaurant de 32 places affiche un diplôme du *Guiness book* des records qui fait de la « Casa Miguel » l'établissement « **le moins cher du monde**... occidental ».

Pendant 37 ans (« **on a ouvert le 15 mars 1949** »), Maria a travaillé avec son époux. Depuis sa mort, en 1981, elle fait tout toute seule. « Je pourrais augmenter les tarifs, bien sûr, mais quand je vois la misère, je me dis que tant que je le puis, c'est bien de garder les prix comme ils sont, c'est mieux. » Bien entendu, pas de bénéfices. « Ce n'est vraiment pas le problème, explique la vieille dame, et puis, d'ailleurs, heureusement pour moi, j'ai une fille, elle s'appelle **Rose**, travaille comme secrétaire à Marie-Claire, elle m'aide et j'habite chez elle près de la gare du Nord. »

Commentaire d'un étudiant : « **C'est bien meilleur qu'au R.U. et presque deux fois moins cher...** »

D   Les cafés-restaurants: les additions

E18

Hotel bills and restaurant checks can act as proof of past events! See if you are a good detective and answer the questions below.

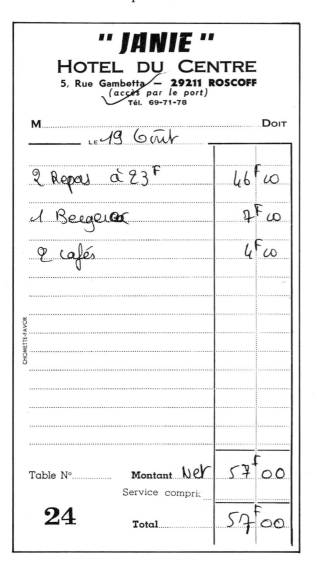

1 How many people ate in each restaurant?

2 Which restaurant is near the harbor?

3 In which one did the customers not drink coffee after the meal?

4 In which one did the customers drink rosé wine?

5 Which restaurant does Yves Cariou work for?

P

L'autre jour, vous êtes allé(e) avec deux amis à un hôtel-restaurant. Le patron s'appelait M. Fawlty. Les plats et le service de ce restaurant laissaient beaucoup à désirer. Qu'est-ce qui s'est passé?

This is an extract from an old letter from your penpal.

Sais-tu que je viens d'avoir douze ans ? Cela a été un grand jour. Pour l'occasion, mes parents ont tenu à m'emmener au restaurant. Nous y sommes donc arrivés vers 20 heures. Il y avait maman, papa, Lisa (ma soeur) et moi. J'étais très intimidée car c'était la première fois que j'allais dans un restaurant .... Papa a demandé au maître d'hôtel de nous apporter la carte et les menus. Après avoir longuement réfléchi, nous nous sommes enfin décidés et nous avons pris le menu à soixante francs. Il y avait : des hors.d'oeuvres variés (tomates en salade, choux-fleur, pomme de terre, céleris, artichauts et bien d'autres choses encore), puis du poulet rôti avec des frites, puis du fromage et enfin une pâtisserie maison. J'ai choisi une tarte aux pommes. Enfin, pour tout te dire, c'était délicieux.

1 What special occasion was celebrated by a meal?

2 Why did she feel nervous?

3 How much was the fixed-price menu they chose?

4 What were the hors d'œuvres?

5 How was the chicken cooked?

6 Name two things they chose after the main course.

P

a) Racontez comment vous avez passé votre dernier anniversaire.

b) Comment allez-vous célébrer la fin de vos examens?

KRITER BRUT DE BRUT:

Le Club Kriter Brut de Brut en direct sur Europe I, avec Christian Barbier, André Boisseaux et Paul-Loup Sulitzer.

Le Château de Meursault, magnifique domaine de plus de cinquante hectares où s'est déroulé le baptême de la Cuvée Château de Meursault 1986.

Présentation du trimaran Kriter Brut de Brut avec le skipper Philippe Monnet, Paul-Loup Sulitzer, M. et Mme André Boisseaux, Jean-Paul Saubesty. Ci-dessous, le baptême de la Cuvée Château de Meursault 1986, avec Alexandra Stewart, Daniel Ceccaldi et Marie Dubois.

La fête qui réunit à Beaune, en novembre de chaque année, au cœur de la Bourgogne en liesse, sportifs, comédiens, comédiennes, personnalités des arts autour de la Maison Patriarche Père et Fils, de Kriter Brut de Brut et du Château de Meursault, est de plus en plus belle, de plus en plus réussie. Et celle de 1990, les samedi 17 et dimanche 18 novembre, a été placée sous le signe de la chance et du bonheur. De la générosité aussi, comme toujours.

Depuis 1964, c'est une tradition ; André Boisseaux, président de Kriter Brut de Brut et Patriarche Père et Fils, remet le Bouchon d'or Kriter... en or 18 carats, aux grandes vedettes sportives désignées par le jury de "L'Équipe". Cette année, Jean-Marc Boivin pour l'alpinisme, Eric Berthon pour le ski acrobatique, Thierry Marie pour le cyclisme, Bruno Carabetta pour le judo, et Patrick Edlinger, "le grimpeur aux mains nues", étaient à l'honneur et ont reçu cette haute distinction sportive en présence de nombreuses autorités et de Noël Couëdel, rédacteur en chef de "L'Équipe".

Ils ont également emporté leur poids en bouteilles de Kriter Brut de Brut et ont dû, pour cela, sacrifier à l'amusante et sympathique tradition de la pesée. Toujours dans la tradition, la journée de samedi s'est clôturée par un magnifique dîner servi dans les anciennes cuveries du Château de Meursault. 290 invités privilégiés ont pu admirer cette demeure exceptionnelle, située au milieu d'un domaine viticole de plus de cinquante hectares, répartis sur cinq grands crus en Côte de Beaune : Meursault, Volnay, Pommard, Beaune et Savigny. Une demeure historique puisqu'elle fut édifiée au XVIe siècle par les seigneurs de Meursault, en remplacement de la forteresse construite en 1377 par Robert de Grancey, seigneur du lieu. Les vastes caves où sont logés les vins en fûts et en bouteilles des récoltes du domaine du Château de Meursault s'étendent sous le château proprement dit et sous ses dépendances. Certaines furent creusées par les moines de Cîteaux qui exploitèrent à partir du XIIe siècle des vignobles en Bourgogne. Une référence ! Au cours de ce dîner aux chandelles absolument prestigieux, on procéda solennellement au baptême de la Cuvée "Château de Meursault" 1990, à l'arôme fleuri et fruité avec beaucoup de finesse et d'élégance, au dire de Jean-Luc Pouteau, meilleur sommelier du monde, appelé à donner le premier son avis sur cette nouvelle cuvée.

E20

This extract reports an event concerning Kriter.

1 What sort of product is Kriter?

2 How often is the celebration held at Beaune?

3 Who is honored at the event?

4 What will each winner receive?

5 What does the writer think of the *Château de Meursault*?

F   Les recettes

E21
You fancy making French-style curried rice!

1 How long does this recipe take to prepare?

2 How long does it take to cook?

3 Which ingredients do you need apart from stock, pepper and curry powder?

4 What should you fry in butter first of all?

5 At what point should you add the rice?

6 What should you mix in at the last minute?

P

a) Est-ce que vos parents passent beaucoup de temps à faire la cuisine?

b) Préparez-vous des repas de temps en temps?

c) Quel plat aimez-vous préparer le plus?

d) Décrivez à votre partenaire la préparation de votre plat favori.

le cuisinier cérérif vous propose

LE PLAT DU JOUR

RIZ AU CURRY

Préparation ; 5 minutes - Cuisson : 20 minutes.

400 grs de riz - 2 oignons moyens - 25 grs curry en poudre - 1 litre bouillon - 75 grs de beurre - sel - poivre.

Faire revenir l'oignon émincé dans la moitié du beurre. Quand il est bien doré, ajouter le riz, le curry, sel, poivre. Mélanger soigneusement. Mouiller avec le bouillon. Laisser cuire à très petit feu 20 minutes.

Au moment de servir, ajouter le reste du beurre.

Recette no 62

EN TOUTES SAISONS SAVOUREZ PLUSIEURS FOIS PAR SEMAINE LES RIZ cérérif

---

C'est facile!

a TOURNEZ. Tournez un demi-tour le cône des feuilles centrales avec les doigts pour l'enlever, puis retirez le foin.

b LAVEZ-COUPEZ. Après avoir lavé votre "Prince de Bretagne" dans une eau vinaigrée, coupez le tiers supérieur des feuilles avec un couteau scie, en le maintenant fermement par la tige.

c VERSEZ à l'intérieur l'accompagnement de votre choix. Votre artichaut à la coque est prêt! Pour le déguster utilisez les feuilles comme mouillettes.

d CASSEZ LA TIGE PUIS CUISEZ. Mettez dans votre autocuiseur et laissez cuire 15 mm environ. Egouttez et laissez refroidir.

E22
You are staying in Brittany where artichokes are very popular. Your mother asks you how to cook them from this French recipe.
Unfortunately the printer has made an error and mixed up the photos and instructions.

1 Read the recipe to the left with care.
Try to match up the instructions **a, b, c, d** to their picture. The pictures are in the correct order **(1–4)**.

2 Can you suggest any suitable fillings for artichokes?

3 What part of the artichoke do you dip into the filling?

G Les bons conseils

TOURISTES

Les Organisations Agricoles et plus spécialement la Chambre d'Agriculture et le C.D.J.A. sont heureux de vous accueillir en HAUTE-SAVOIE. A cette occasion, ils vous présentent les délicieux produits du terroir, avec leur implantation géographique. N'hésitez-pas, là où vous serez, à prendre contact avec les Producteurs ; vous serez aimablement reçus. Nous vous souhaitons de bonnes vacances et un heureux séjour dans nos montagnes.

LES FROMAGES

L'Emmental : ce fromage à pâte cuite, savoureuse, avec un certain nombre d'ouvertures franches et de la grosseur d'une noix, fait partie de la famille des Gruyère, où l'on trouve avec lui le Comté et le Beaufort. Il se présente sous la forme de meules de 70 à 80 Kg fabriqué avec 900 à 1.000 litres de lait. La production haut-savoyarde de 12.000 tonnes par an provient de quelque 250 fromageries, coopératives, appelées fruitières. C'est un fromage de gourmets, spécialement recommandé pour la fondue savoyarde.

Le Reblochon : ce fromage de montagne à pâte molle se fabrique presque exclusivement pour le fermier, dans le pays de THONES, la CLUSAZ et les ARAVIS. Trois semaines sont nécessaires pour transformer cinq litres de lait de montagne en Reblochon de 500 grammes de forme cylindrique. Sa qualité et sa finesse en font un des meilleurs fromages français.

La Tomme de Haute-Savoie est le plus ancien fromage du pays. Il se présente sous la forme d'une petite meule cylindrique de 1 à 2 Kg dont la croûte est moisie. Il dose de 40 à 50 % de matière grasse.

> Que vous soyez en famille ou au restaurant,
> ne terminez jamais votre repas
> sans le plateau de fromages haut-savoyards.

LES VINS

En parcourant ce département, découvrez les "Vins du Pays". Vous apprécierez d'excellents produits de cru avec :

— les "ROUSSETTES" des coteaux de Frangy et Seyssel,

— les "CREPY" de la Région de Douvaine,

— le "Vin d'AYZE", pétillant, produit exceptionnel de la Vallée de l'Arve,

— des spécialités telles que le "RIPAILLE" et le "MARIN", vins fruités des vignobles de la région de Thonon,

— des vins rouges "MONDEUSE" et "GAMAY", qui s'associent parfaitement aux fromages de nos montagnes.

> Un bon vin de Savoie sur votre table
> c'est la joie pour vos Vacances.

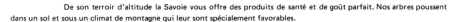

FRUITS — Faites confiance à cette marque :

"Les VERGERS de HAUTE-SAVOIE".

De son terroir d'altitude la Savoie vous offre des produits de santé et de goût parfait. Nos arbres poussent dans un sol et sous un climat de montagne qui leur sont spécialement favorables.

LES JUS DE FRUITS DE SAVOIE

Vous avez peut-être eu l'occasion d'apprécier la qualité des Fruits de Savoie, alors consommez des jus de Fruits de Savoie.

Parmi la gamme de ses produits, la SICA "VERGERS de SAVOIE" vous recommande tout particulièrement ses jus élaborés exclusivement à partir des fruits de Savoie à la saveur si franche, si vraie, qui vous permettra de retrouver tout l'arôme des fruits de montagne : pommes, framboises, fraises etc....

E23

While on vacation with your family in the French Alps, you are given this leaflet. Your parents can only recognize the words cheese, wine and fruit!

1 You all want to make a fondue. Which cheese should you buy?

2 Which local wines would be particularly suitable for this meal?

3 What fruits are grown locally?

E24

You visit a *hypermarché* near the town you are staying in and you pick up a consumer's advice leaflet.

SERVIR LE PAIN

- Ne pas couper le pain plus de 10 min avant de servir.
- Ne pas griller du pain frais.
- Ne pas griller le pain de seigle.
- Proposer plusieurs sortes de pains.
- Le ranger à l'abri de l'humidité, de préférence dans une boite en bois.

- Si le pain est entamé, placer la face tranchée contre le bois.

- Ne jamais conserver du pain dans un sac plastique : il se ramollit et s'affadit.

Which of the instructions below are true about how to serve bread?

1 Never toast fresh bread.

2 Do not cut bread more than half an hour before serving.

3 Keep bread in a plastic bag.

4 Keep bread in a wooden box in a dry place.

5 Put the sliced end of the bread against a wooden surface.

6 Always serve several different kinds of bread.

E25

There is a large variety of bread in France to choose from. Which sort of bread would you buy if you wanted one that:

1 has a slightly sweet flavor?

2 keeps well?

3 would be nice if eaten with shellfish?

4 is made with white flour?

5 contains lots of fiber?

6 contains whole-wheat grains?

LES DIFFÉRENTS PAINS

Pain blanc	Baguettes (250 g), pain (400 g), petits pains (60 g).
Pain de campagne	Composé de blé et pétri avec un levain sauvage qui lui donne sa saveur et lui assure une meilleure conservation.
Pain de son	Un pain très diététique à forte proportion de son de froment qui facilite la régulation du transit intestinal.
Pain complet	A base, comme son nom l'indique, de grains de blé moulus entiers.
Pain de seigle	Fabriqué avec de la farine de seigle. Parfait pour accompagner les huîtres, praires et autres coquillages.
Pain viennois	Un pain fantaisie très agréable. A la farine de froment, à la levure, au sel et à l'eau sont ajoutés du beurre et un peu de sucre.

P

a) Que signifie l'expression «être au régime».

b) Faites une liste de ce que vous avez mangé hier pour le petit déjeuner, le déjeuner et le dîner.

c) Pensez-vous que vous devriez manger plus de pain, de légumes, de fruits?

QUAND LES ACHETER

	FRUITS	LÉGUMES
JANVIER	Pommes, oranges, bananes, poires	Salades, carottes, navets, radis, poireaux, salsifis
FEVRIER	Les mêmes	Les mêmes
MARS	Pommes, oranges, bananes	Choux-fleurs, carottes, pommes de terre, épinards
AVRIL	Les mêmes	Les mêmes
MAI	Fraises, pommes, cerises, bananes	Asperges, carottes, artichauts, choux-fleurs, épinards
JUIN	Abricots, cerises, fraises, pommes,	Petits pois, artichauts
JUILLET	Pêches, prunes, abricots, melons	Aubergines, haricots verts, tomates
AOUT	Pêches, prunes, poires, raisins, melons	Aubergines, haricots verts, tomates, carottes, haricots blancs
SEPTEMBRE	Pommes, poires, prunes, raisins, melons	Les mêmes
OCTOBRE	Pommes, poires, raisins, bananes	Poireaux, carottes, choux-fleurs, haricots blancs
NOVEMBRE	Pommes, poires, bananes	Les mêmes
DECEMBRE	Pommes, oranges, poires, bananes	Choux-fleurs, salades, poireaux, carottes, salsifis, radis, navets

LA FRAICHEUR ÇA A BON GOUT

Un impératif pour choisir fruits et légumes : la fraîcheur. C'est d'elle dont dépend principalement le goût des produits que vous choisirez. Choisir un fruit ou un légume est uniquement une question de coup d'œil ou d'habitude.
Un beau produit, ferme, aux couleurs bien nettes, à l'air appétissant, sera toujours préféré à un produit terne et ramolli.

E26

You also pick up this fact sheet on fruit and vegetables.

1 It is August. What fruit and vegetables are in season and good to buy?

2 Are the same fruit and vegetables recommended for March? If not, which ones are recommended?

3 How many different types of *a*) fruit *b*) vegetables are mentioned in this leaflet?

4 Name three characteristics of "good produce".

Poisson Et Diététique

Les qualités nutritives du poisson sont reconnues par tous les diététiciens, nutritionnistes et hygiénistes. La valeur protéique de 100 g de poisson est la même que pour 100 g de viande. Et si, tout comme la viande, la chair de poisson apporte de nombreuses vitamines, elle est nettement plus riche que la viande en phosphore, en calcium, en oligo-éléments. Enfin le poisson maigre convient à tous les régimes puisqu'une portion de 200 g de poisson fournit seulement 70 calories contre 200 pour 100 g de viande.

Bien Choisir Le Poisson

La première qualité du poisson sur l'étal du poissonnier doit être sa fraîcheur. Un poisson est frais quand :

1. Son corps est ferme, sa peau saine et de belle couleur, ses écailles fermement attachées.
2. Il ne dégage pas d'odeur trop prononcée de poisson.
3. Son œil, ni enfoncé, ni vitreux, est vif et brillant.
4. Ses branchies (faciles à observer en soulevant les ouïes) sont rouges ou rose vif, jamais grisâtres.

Conserver Le Poisson

Un poisson doit être, en principe, consommé le jour de l'achat. On peut cependant le conserver un jour ou deux à condition de le vider - ou de le faire vider - de saler légèrement l'intérieur et de le conserver au réfrigérateur dans une boîte hermétiquement close.

Principaux Noms Régionaux Des Principaux Poissons

Un même poisson peut avoir selon la région où on le trouve plusieurs noms. Voici les principaux :

Bar : loup, loubine.

Cabillaud : C'est la morue fraîche. On le confond souvent avec l'églefin, le lieu jaune, le lieu noir, le merlu ou colin, la julienne. Tous font partie de la même famille et sont différemment appréciés au plan gastronomique. Toutes les recettes applicables à l'un sont cependant généralement applicables aux autres.

Carrelet : Plie, brette.

Lotte : Baudroie, diable de mer.

Dorade (ou daurade) : La dorade forme une grande famille aux espèces assez différenciées qui peuvent s'accommoder selon les mêmes recettes. Voici les principales : griset, brême, pageau, denté, pagre, castagnole, hirondelle.

Merlan : Tacaud, caplan, poutassou, motelle.

Roussette : Chien de mer, émissole.

Thon : germon thon blanc, bonite thon rosé.

Cuire Le Poisson

Il existe une infinité de recettes de poissons qui peuvent cependant se regrouper en sept principaux modes de cuisson.

Pocher

Le poisson immergé dans un liquide qui le recouvre tout juste cuit à petit bouillon. Le court-bouillon est la préparation type pour pocher un poisson. C'est une préparation d'eau aromatisée avec sel, poivre, thym, laurier, oignon, carottes, vin ou vinaigre ou cidre, épices, etc... Un bon court-bouillon doit avoir bouilli une bonne demi-heure puis refroidi avant d'y plonger le poisson. Il faut alors faire à nouveau bouillir la préparation et compter 10 min de cuisson par livre à l'eau frémissante à partir de l'ébullition.

Mariner

Huile, vin ou jus de citron aromatisés en marinades entrent dans la composition de nombreuses recettes de darnes ou filets de poissons.

Frire

Les poissons frits entiers, en darnes ou en filets doivent auparavant être soit farinés, soit trempés dans une pâte (genre beignet), soit panés. Pour le reste (choix de la matière grasse, mode de cuisson, égouttage) ils se préparent comme les frites.

Sauter - Poêler

Il s'agit de saisir à la poêle ou à la sauteuse un poisson dans une matière grasse (huile, beurre) très chaude et de l'y faire cuire rapidement. C'est la cuisson à la "meunière" idéale pour les poissons plats ou peu épais. C'est aussi le premier stade de préparation des poissons en matelote.

Griller

Tous les poissons peuvent être grillés et surtout les poissons gras tels que sardines, maquereaux, harengs... Grill et poissons doivent être enduits d'huile avant la cuisson et le grill préalablement chauffé. On peut inciser au couteau les poissons épais avant de les cuire et envelopper les poissons fragiles dans des papillottes de papier aluminium.

Rôtir

Ce mode de cuisson n'est pas réservé à la viande et les beaux poissons entiers ou farcis gagnent à être préparés ainsi exactement comme un rôti : four préchauffé, plat creux ovale et épais, arrosage fréquent en cours de cuisson avec le jus.

Mijoter

Les poissons coupés en tranches et farinés sont préalablement sautés puis cuisent à petit feu dans une cocotte couverte. Ce sont les matelotes, équivalent pour le poisson des ragoûts.

Fumet De Poisson

C'est un court-bouillon dans lequel on fait cuire à l'eau frémissante pendant 30 min à 1 heure, têtes, peaux, arêtes, parures de poissons. Le fumet entre dans la composition de nombreuses sauces.

RALLYE

Here is another leaflet for consumers – this time on fish.

1 Briefly summarize the advantages of eating fish.

2 What is the quickest way to tell that the fish is fresh?

3 When should you eat the fish?

4 What is a recommended way of cooking mackerel?

5 Name four other ways of cooking fish.

P

a) Aimez-vous mieux le poisson ou la viande? Pourquoi?

b) A votre avis, quel est le plat national de votre pays? Savez-vous le préparer?

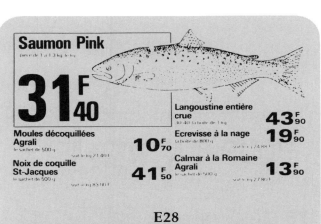

Saumon Pink
31 F 40

Moules décoquillées Agrali le sachet de 500 g
10 F 70

Noix de coquille St-Jacques le sachet de 500 g
41 F 50

Langoustine entière crue
43 F 90

Ecrevisse à la nage
19 F 90

Calmar à la Romaine Agrali
13 F 90

E28
Name three different types of seafood or fish on sale here.

Chapter 7
Les services publics

On doit souvent avoir recours aux services publics dans un pays étranger, soit quand on passe à la douane, soit quand on veut téléphoner ou envoyer des cartes postales, soit quand on veut toucher un chèque de voyages. Ce chapitre vous aidera à vous débrouiller!

A Les services en général

Here are some signs announcing public services in France.

La Poste
Théâtre
Sécurité Sociale
Recette des Finances
Gendarmerie
S.N.C.F.

Syndicat d'Initiative	60m
Commissariat	600m
Sous-Préfecture	
Hôtel des Arcades à 250m	
Autres hôtels	

E1
Would you take the road to the left or to the right if you wanted to go to:

1 the railway station?

2 the tourist office?

3 the social security office?

4 the post office?

E2
If you had a cash card for this bank, why would this sign be of use to you?

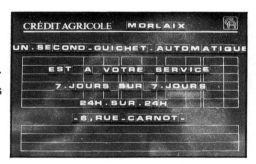

CRÉDIT AGRICOLE MORLAIX
UN SECOND GUICHET AUTOMATIQUE
EST A VOTRE SERVICE
7 JOURS SUR 7 JOURS
24H SUR 24H
6, RUE CARNOT

POUR ENTRER

1– SONNER

2– ATTENDRE DECLIC

3– TIRER—ENTRER

E3
How do you get into this bank?

TOILETTES

pour entrer :

• le voyant libre est allumé

• introduire une pièce de 1 franc

• la porte s'ouvre et se referme automatiquement

• ces toilettes chauffées sont nettoyées à chaque utilisation

E4
How do you operate this public convenience? What is special about it?

E5
If you wanted to see the city hall and go to the post office, which direction would you take?

SYNDICAT D'INITIATIVE
TOURIST AGENCY
TAPISSERIE
MUSÉE
CATHÉDRALE
HÔTEL DE VILLE
POSTE
POLICE
←
GARE
→

E6

You see this radio bumper sticker on a car.

1 Why would this station be useful to you if you wanted to go fishing at sea?

2 Between what times could you tune in to this radio station?

RADIO CORSAIRE
96.3 Mhz
MÉTÉO MARINE
et
STÉRÉO
HORAIRES DES MARÉES
Tous les jours
9 h - 18 h
☎ (98) 63.43.21
96.3 Mhz
Z.I. de Kérivin St. Martin-des-Champs

E7

The local newspaper publishes a list of phone numbers for various services.

LISTE DES SERVICES

Syndicat d'Initiative, Allées de la République	65.41.06.40
Mairie, ouverture 9 h à 12 h et 13 h à 17 h 30	65.41.05.37
Sous-préfecture	65.41.00.08
Gendarmerie	65.41.00.17
Pompiers	65.41.00.18
Hôpital, Avenue Pasteur	65.41.01.04
SNCF, gare	65.41.02.19
Météorologie, station	65.41.00.14
Avertissements agricoles	65.41.14.34
P.T.T., Place du Général-de-Gaulle	65.41.00.24
E.D.F., 42, bd Galiot-de-Genouillac	65.41.01.06
Grottes de Caugnac	65.41.18.02
Presbytère, 4, rue Cardinal-Farimé	65.41.12.90
Crédit Lyonnais, Place de la Libération	65.41.04.26
Bibliothèque au Syndicat d'Initiative	65.41.06.40

Which number would you dial to:

1 find out about local weather conditions?

2 report a fire?

3 ask for further information on the town?

4 report a stolen article?

5 find out about train times?

P

a) Une station de météorologie, à quoi sert-elle?

b) A quoi sert un hôpital? Une station de pompiers?

c) Connaissez-vous bien les chiffres en français? Lisez à haute voix les chiffres qu'on doit composer pour les Grottes de Caugnac et la bibliothèque.

Soissons

La journée

TOURISME CULTURE - LOISIRS

L'UNION-HAVAS-VOYAGES. — Billets et réservations, 15, rue du Commerce, tél. 53.22.74.
BUREAU MUNICIPAL DU TOURISME. — A Saint-Jean-des-Vignes, tél. 53.17.37.
SYNDICAT D'INITIATIVE. — Place de la République, de 15 à 18 heures, tél. 53.08.27.
BIBLIOTHÈQUE MUNICIPALE. — De 13 h 30 à 18 heures.
MUSÉE. — Visites de 10 à 12 heures et de 14 à 17 heures.
M.J.C. — L'après-midi et le soir.
EXPOSITION DE PEINTURE. — A l'Imagerie, 9 rue du Collège.
PISCINE. — De 17 heures à 19 h 30.

PERMANENCES SOCIALES

CRÈCHE FAMILIALE. — De 8 h 30 à 9 h 30, 7, rue du Bois-Dupleix (tél. 53.22.15).
SERVICE SOCIAL FAMILIAL. — « Spécial jeunes », de 14 à 16 heures, 31, rue Anne-Morgan (tél. 53.04.52).
LA CROIX D'OR. — De 18 h 30 à 20 heures, 12, boulevard de Presles (tél. 59.27.45).
AFFAIRES SOCIALES MUNICIPALES. — Mme Moret, de 14 à 15 heures, à l'hôtel de ville.
ASSISTANTE SOCIALE. — Hôtel de ville, de 14 à 16 heures.
SERVICE SOCIAL ET DE SAUVEGARDE. — De 8 h 45 à 12 heures et de 14 à 17 heures, 20, rue Richebourg.

INFORMATIONS — RENSEIGNEMENTS

C.C.I.A. — De 8 à 12 heures et de 13 h 30 à 17 h 30, 15, rue Georges-Muzart (tél. 53.01.87).
C.S. DES FAMILLES. — De 17 à 19 heures, au Centre social Saint-Crépin.
F.J.T. — De 14 à 16 heures, 20, rue Mahieu.
LOISIRS 3. — De 10 à 12 heures et de 14 h 30 à 17 heures, 31, rue Anne-Morgan.

DE JOUR ET DE NUIT

POLICE-SECOURS. — Tél. 17.
SAPEURS-POMPIERS. — Tél. 18.
GENDARMERIE. — Tél. 53.12.85.
CENTRE HOSPITALIER. — Tél. 59.11.02.
POMPES FUNÈBRES. — Tél. 53.07.24 ou 59.36.17.
TAXIS. — Tél. 53.63.96, 53.32.09 et 53.32.98.

LES CINÉMAS

CLOVIS I. — 21 heures : « Tendres cousines ».
CLOVIS II. — 21 heures : « Terreur extra-terrestre ».
CLOVIS III. — 21 heures : « Inspecteur la Bavure ».
CLUB. — 21 heures : « Un drôle de flic ».
VOX. — 21 heures : « Animatrices pour couples déficients ». (interdit aux moins de 18 ans).

E8

You are trying to decide what to do in Soissons, your penpal's town. You want to visit the museum, go for a swim in the swimming pool, get some brochures from the tourist office, browse in the library, and see a film in the movie theater, if possible. You will have from 3 p.m. until 7 p.m. to do what you want. Draw up an efficient schedule, giving reasons for your order of doing things.

E9

You have some cassettes of English pop music to sell, and you wish to place an advertisement in the next edition of *Le furet*, the local free newspaper.

1 Name four ways in which an advertisement can be placed in *Le furet*.

2 How much does it cost to insert an advertisement?

3 How can payment be made?

4 When is the deadline for placing an advertisement in the next issue?

P

Rédigez une annonce pour le prochain numéro du «Furet».

IL Y A 4 FAÇONS DE PASSER UNE PETITE ANNONCE DANS *le furet*

6, place des Viarmes - 29210 MORLAIX - Tél. (98) 88.58.34

1 REMPLIR LA GRILLE ET NOUS LA POSTER AVEC LE REGLEMENT — P.T.T.

2 VENIR DIRECTEMENT A NOTRE BUREAU — BUREAU

3 PAR TÉLÉPHONE

4 LA DÉPOSER DANS NOTRE BOITE AUX LETTRES

BON D'INSERTION d'une petite annonce pour particulier :

Pour paraître dans notre prochain numéro, votre petite annonce devra nous parvenir avant le vendredi 24 juillet, au FURET, 6 place des Viarmes — 29210 Morlaix — Tél. 88.58.34

15 F TTC

Nom : .... Adresse : ....
.... Tél : ....

Paiement à joindre à l'ordre d'insertion :
— en espèces au bureau,
— chèque bancaire ou CCP à l'ordre du FURET.

B   A la banque

E10

It is 6:15 p.m. on a Saturday, can you use this bank? If not when is the earliest time you can exchange some money?

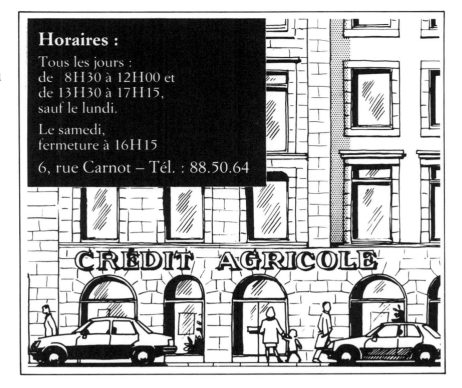

Horaires :

Tous les jours :
de 8H30 à 12H00 et
de 13H30 à 17H15,
sauf le lundi.

Le samedi,
fermeture à 16H15

6, rue Carnot – Tél. : 88.50.64

CRÉDIT AGRICOLE

E11

You need to cash some travelers' checks, and you consult this list of banks in and around Morlaix.

- **Fermeture habituelle** : dimanche et lundi. Mais le lundi des banques sont ouvertes à Saint-Pol-de-Léon, à Roscoff et à Guerlesquin.

- **Fermeture exceptionnelle les jours fériés** :
  Fête du Travail   : Du mardi 30 avril après-midi au mercredi 1er Mai
  Armistice 1945   : Du mardi 7 Mai après-midi au mercredi 8 Mai
  Ascension   : Du mercredi 15 après-midi au jeudi 16 Mai
  Pentecôte   : Du samedi 25 au lundi 27 Mai
  Fête Nationale   : Le samedi 13 Juillet après-midi
  Assomption   : Du mercredi 14 après-midi au jeudi 15 Août
  Armistice 1918   : Lundi 11 Novembre
  Noël   : Du mardi 24 après-midi au mercredi 25 Décembre
  Jour de l'An   : Du mardi 31 Décembre après-midi
                 au mercredi 1er Janvier

- **Change : en dehors des heures d'ouverture des banques**
  • à l'Hôtel d'Europe : 1, Rue d'Aiguillon, Morlaix, Tél. 98. 62.11.99
  • à la Gare Maritime de Roscoff : Crédit Agricole en saison
  • chez certains commerçants : Ex CIM à Morlaix
  • dans certains bureaux de poste.

Indicate which of the following statements are true.

1 All banks are closed on Saturdays.

2 A bank at Roscoff is open on Mondays.

3 Banks are closed on the Monday after Pentecost.

4 July 13th is a Sunday according to this leaflet.

5 The banks are closed longer over Christmas than for New Year's.

6 You cannot exchange money in post offices.

CRÉDIT AGRICOLE

CAISSE RÉGIONALE DU FINISTÈRE
7, Route du Loch   29101 QUIMPER

ACHAT DE DEVISES A LA CLIENTÈLE   041967

☑ **PAR CAISSE**

Pièce d'identité : *Passeport*

No : *L 378508 B*

Date de délivrance : *14 fev 1980*

Lieu de délivrance : *Liverpool*

M.   *SYMONS. Sandra.*

Angleterre

ORIGINE   *29159*

NUMÉRO DE COMPTE D A V

☐ **PAR DÉPOTS A VUE**
(Billets de Banque et Travellers Chèques uniquement)

NOUS VOUS ACHETONS

BILLETS DE BANQUE DEVISE	NBRE	QUOTITÉ	MONTANT		COURS	CONTREVALEUR	COMMISSION	
							−	

TRAVELLERS CHÈQUES DEVISE	NBRE	QUOTITÉ	MONTANT
£ STERL	*2*	*50*	*100*

Établ. Émetteur : *St. Chartered*
Nos : *505302 et 303*

	COURS	CONTREVALEUR	COMMISSION	
100	*11,49*	*1149,00*	*−7,60*	*1141,40*

EUROCHÈQUES DEVISE	No CHÈQUES	MONTANT

No Carte : _____
Établ. Émetteur : _____

	COURS	CONTREVALEUR	COMMISSION	
			−	

CLIENT   *S. Symons*   B.P.

DATE OPÉRATION   *24 0 79 0*

TOTAL GÉNÉRAL   *1141,40*

Ex. 1 - CLIENT

ET.01200   05-82

E12

When you exchange money in a French bank you may get a receipt like this.

1 What was given as a piece of identification?

2 How much money did the customer exchange from travelers' checks to French francs?

3 How much commission was charged?

4 On what date was the money exchanged?

5 How much did the customer receive?

P

a) Imaginez que vous êtes dans une banque française. Vous voulez changer des chèques de voyage. Adressez-vous à votre partenaire, qui jouera le(la) caissier(ière).

b) Au cours du change actuel, combien de francs recevrez-vous si vous changez $20 U.S.?

C   A la poste

... expédier vos envois

• **Les timbres-poste**: vous pouvez vous les procurer dans les bureaux de poste (où on vend également des aérogrammes), les bureaux de tabac ou les distributeurs automatiques jaunes disposés sur la façade de certains bureaux de poste.

• **Les boîtes de dépôt des lettres**: vous les trouverez à l'extérieur et à l'intérieur des bureaux de poste et dans les lieux de fort passage du public*.

• **Paquets**: les paquets adressés à d'autres pays jusqu'à 1 kg (ou 2 kg au tarif des lettres) acceptés par les bureaux de poste doivent porter extérieurement une étiquette verte de douane. Si vous voulez réaliser un envoi rationnel et pratique, utilisez les emballages préformés mis en vente dans les bureaux de poste.

• **Colis postaux**: ils sont acceptés au bureau de poste principal de chaque localité:
– "Avion" jusqu'à 10 ou 20 kg suivant la destination.
– "Voie de surface" jusqu'à 5 kg et jusqu'à un certain format (au-delà ils peuvent être confiés à la SNCF).

• **Service Posteclair**: national et international à votre disposition dans 500 points réseau PTT, si vous désirez envoyer tout document urgent (plans, graphiques. tableaux, schémas...).

E13

The French Post Office publishes several leaflets about the services it offers. You browse through one, since you have a birthday card and present to send from France to your mother.

1 Where, apart from post offices, can you buy stamps?

2 What do you have to complete when sending a small parcel from France to another country?

E14

For a surprise, you wish to telephone your mother on her birthday. Your penpal's family, however, has no phone in the house. You consult this extract from the Post Office leaflet.

1 If you don't find a public phone booth in the street, where else can you telephone from?

2 As it is a Saturday, when is the cheapest time to call North America?

3 Is there a French equivalent of "phone cards"?

Vous désirez téléphoner...

Utilisez l'une des 167 000 cabines placées dans les lieux publics:
– soit avec une TELECARTE qui vous permettra de téléphoner sans souci et sans monnaie à partir d'une cabine équipée d'un publiphone à cartes. Ces télécartes, de 50 et 120 unités s'achètent dans les bureaux de poste. guichets SNCF et revendeurs agréés reconnaissables à leur affichette "TELECARTE" (*).
– soit avec des pièces de monnaie (page 15).
Vous pouvez aussi vous adresser au guichet téléphone d'un de nos 17 000 bureaux de poste (*). Si vous appelez à partir de votre hôtel, d'un café ou d'un restaurant. votre facturation risque d'être supérieure à la taxe officielle (maximum 30 %).

Tarifs réduits :
– du lundi au samedi
de 20 h à 10 h pour le Canada et les Etats-Unis.
de 21 h 30 à 8 h pour Israël et les pays africains d'expression française.
de 23 h à 8 h pour l'Algérie, le Maroc et la Tunisie.
de 23 h à 9 h 30 pour le Portugal.
– du lundi au vendredi, de 21 h 30 à 8 h et le samedi, de 14 h à 18 h
pour les autres pays de la CEE. la Suisse. l'Autriche et la Yougoslavie.
– les dimanches et jours fériés : toute la journée pour ces mêmes pays.

... télégraphier

Vous pouvez déposer votre texte au guichet d'un bureau de poste. ou le téléphoner depuis votre hôtel.

... recevoir votre courrier

• Votre adresse en France comporte un numéro de code à 5 chiffres ; n'oubliez pas de le communiquer à vos correspondants.

• Le courrier adressé en "poste restante". dans une ville ayant plusieurs bureaux, est, sauf précision, disponible au bureau principal. Le retrait d'une correspondance donne lieu à paiement d'une taxe.

• Pour toute opération de retrait de courrier ou d'argent au guichet. on vous demandera votre passeport ou une pièce d'identité, pensez-y !

E15

You decide that you would like to tour France. You could use the *poste restante* section of the Post Office to receive mail. What do you need to do to obtain your letters?

E16

Your penpal is an avid stamp collector and you are amazed at his collection of modern French stamps. You wonder how he could have got hold of such a collection. He shows you details of a plan run by the Post Office. Can you briefly explain it?

Pour constituer votre collection de timbres-poste, les PTT vous proposent un moyen simple et efficace :

LA RESERVATION AU BUREAU DE POSTE

Pour vous garantir la continuité de votre collection. pour vous éviter de nombreux déplacements et des pertes de temps, les PTT vous proposent de faire réserver vos timbres par le bureau de poste de votre choix.
Cette facilité concerne tous les timbres-poste de France.

Modalités pratiques

• Pour réserver vos timbres. il vous suffit de remplir un bulletin de réservation et de le remettre au guichet du bureau de votre choix.

• Celui-ci ouvre un dossier à votre nom et vous réserve systématiquement les timbres-poste que vous désirez. au fur et à mesure des émissions.

• Vous avez la possibilité de faire varier le nombre de timbres «réservés» selon leur catégorie (exemple : série artistique : 10 exemplaires, timbres-poste avec surtaxe : 5 exemplaires).

Dans toute la mesure du possible. votre bureau de poste pourra satisfaire également les services particuliers (découpage, bord de feuille, coin daté. etc.).

• Quand vous le voulez, mais au moins une fois par trimestre, vous allez au bureau de poste retirer vos timbres réservés contre paiement de la somme correspondante.

• Si vous désirez modifier les caractéristiques de votre réservation, et en cas de changement d'adresse ou d'état civil, informez sans retard votre bureau de poste : cela vous garantira le bon fonctionnement de votre réservation.

• Si vous décidez d'y mettre fin. faites immédiatement connaître votre résiliation par simple lettre adressée au receveur de votre bureau de poste.

In cases of emergency you may have to send a telegram. Can you figure out how to fill out this form?

N° 698   **TÉLÉGRAMME**

Étiquettes

INDICATIONS DE TRANSMISSION

N° d'appel : ....

Ligne de numérotation

ZCZC

N° télégraphique

Taxe principale. ....

Taxes accessoires } ....

Timbre à date

N° de la ligne du P.V. : ....

Ligne pilote

Total . . ..

Bureau de destination   Département ou Pays

Bureau d'origine	Mots	Date	Heure	Mentions de service

Services spéciaux demandés :
(voir au verso)

Inscrire en **CAPITALES** l'adresse complète (rue, n° bloc, bâtiment, escalier, etc...), le texte et la signature (une lettre par case ; **laisser une case blanche entre les mots**).

Nom et adresse

TEXTE et éventuellement signature très lisible

728678 Y - Cy. Paris - 7/80.

Pour accélérer la remise des télégrammes indiquer le cas échéant, le numéro de téléphone (1) ou de télex du destinataire
TF _____ TLX _____

Pour avis en cas de non remise, indiquer le nom et l'adresse de l'expéditeur (2) :
_____
_____

---

1 Does the total number of words used have to be stated?

2 Is a postage stamp necessary?

3 How should you fill in the address and message?

4 Why are you advised to fill in your own name and address at the bottom right-hand corner?

4.200.000 personnes de 123 nationalités : telle est la population étrangère en France. Les principales communautés sont les suivantes : Portugais 860.000, Algériens 815.000, Italiens 450.000, Marocains 445.000, Espagnols 412.000, Tunisiens 195.000, Turcs 118.000, Pays Sud du Sahara 115.000.

E18
According to this article, from which continent do the majority of immigrants come?

You notice that French mailboxes are all very much the same.

This leaflet from the Post Office helps to explain why.

POURQUOI DES BOITES AUX LETTRES NORMALISEES ?

Vous avez déjà découvert votre courrier mouillé ou abîmé ? Des journaux ou des paquets vous ont été volés ?

C'est que votre boîte aux lettres est trop petite, peu étanche ou ne ferme pas...

Pour apporter une solution à ces mauvaises surprises, la Poste vous invite à vous équiper de nouvelles boîtes aux lettres aux normes PTT qui assurent à votre courrier sécurité et protection.

Les boîtes aux lettres normalisées, grâce à leurs dimensions et à l'ouverture totale de la porte, permettent le dépôt de toutes vos correspondances même volumineuses : journaux, revues, petits paquets... et vous évitent le cas échéant de vous déplacer au bureau de poste.

Pour protéger votre correspondance des actes de vandalisme, ces boîtes sont équipées de serrures de sécurité à combinaisons multiples agréées par les PTT : seul votre facteur dispose d'un passe-partout pour y déposer votre courrier.

Ces boîtes aux lettres normalisées sont obligatoires pour les constructions bâties après 1979.

COMMENT VOUS EQUIPER ?

– Si vous habitez un immeuble collectif :
Adressez-vous à votre syndic : c'est à lui de faire le nécessaire. Tous les renseignements pourront lui être fournis par la Direction Départementale des Postes en ce qui concerne les "batteries" de boîtes aux lettres.

– Si vous habitez en maison individuelle :
● Vous pouvez acheter les boîtes aux lettres normalisées chez les quincailliers, menuisiers ou grandes surfaces spécialisées (bricolage, jardinage...).

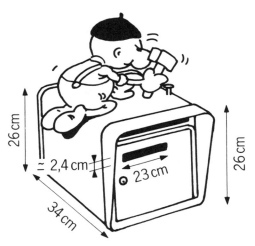

● Si vous êtes bricoleur, vous pouvez la fabriquer vous-même en respectant bien les bonnes dimensions (dimensions intérieures : 26 cm x 26 cm x 34 cm) et en posant une serrure agréée PTT que vous trouverez chez les revendeurs de boîtes.

1 What reasons are given for introducing standardized mailboxes?

2 Name three kinds of mail that can be delivered in a standardized mailbox.

3 What precaution has been taken against vandalism?

4 The building you are staying in was built in 1947. Is it required to have such a mailbox?

5 Where can you buy these mailboxes?

6 What must you do if you make one yourself?

D   A la douane

Your penpal's family has taken you on a day trip to Spain. On your return to France, you all have to pass through customs. Here is a leaflet that they have kept in their car which you glance through while waiting in line.

marchandises

1 A votre retour, les marchandises contenues dans vos bagages personnels sont admises sans rien payer à la douane dès lors que leur valeur ne dépasse pas les limites suivantes :

VOYAGEURS AGÉS DE	Marchandises de la CEE (2) TVA comprise	Marchandises des autres pays
15 ans et plus	**2 000 F** (4)	**300 F**
Moins de 15 ans	**400 F**	**150 F**

Dans ces limites, pour les achats d'appareils (photo, cinéma, magnétophones, transistors, électroménager, etc.) vous devez vous faire établir une carte de libre circulation par le bureau frontière des Douanes françaises, **cette carte ne pourra pas être établie après votre retour.**
Au-delà de ces limites (tableau ci-dessus) vous devez déclarer les marchandises achetées à l'étranger (même dans un pays de la CEE).
Vous paierez des droits de douane, éventuellement des taxes et la TVA, ou la TVA seulement sur les marchandises achetées dans la CEE.
ATTENTION : Les sommes indiquées au tableau ci-dessus ne peuvent être cumulées pour l'achat d'un même objet.
Exemple : Un groupe, ou une famille de quatre personnes ne peut rapporter un appareil d'une valeur de 8 000 F [4 × 2 000] (4).
L'objet devra être déclaré et vous acquitterez les droits et taxes, sans aucun abattement.
Vous rapportez plusieurs articles (achats ou cadeaux) : seront admis sans paiement les objets dont la valeur cumulée ne dépasse pas le montant indiqué au tableau ci-dessus.

2 **En plus**, vous pouvez rapporter les marchandises ci-dessous dans les limites suivantes.

MARCHANDISES		VOYAGEURS EN PROVENANCE DE	
		La C.E.E. (2)	Autres pays (3)
TABACS (1)	Cigarettes	**300** pièces	**200** pièces
	ou Cigarillos	**150** pièces	**100** pièces
	ou Cigares	**75** pièces	**50** pièces
	ou Tabac à fumer	**400** g	**250** g
et BOISSONS ALCOOLISÉES (1)	Vins de table	**4** litres	**2** litres
	et Boissons titrant plus de 22°	**1,5** litre	**1** litre
	ou titrant 22° ou moins	**3** litres	**2** litres
et PARFUMS	Parfums	**75** g	**50** g
	et Eaux de toilette	**37,5** centilitres	**25** centilitres
et CAFÉ	Café	**750** g	**500** g
	ou Extraits et essences de café	**300** g	**200** g
et THÉ	Thé	**150** g	**100** g
	ou Extraits et essences de thé	**60** g	**40** g

(1) *Seuls les voyageurs âgés de plus de 17 ans ont droit à ces quantités.*

1   What is the total value of goods your penpal's parents can each bring back into France from Spain, which is a Common Market country?

2   What can your penpal's sister aged eight, bring back?

3   If someone in the group doesn't use his allowance, can someone else use it for him?

4   How much coffee can your penpal bring back?

P

a)   Avez-vous jamais passé par la douane? Où? Quand?

b)   Imaginez un dialogue entre un douanier et un touriste qui semble cacher quelque chose de suspect dans sa valise. Jouez la scène avec un partenaire.

E Au commissariat

SERVICE	☐ PERTE ☐ VOL	(1)
	DÉSIGNATION DES DOCUMENTS	

500 frs francais
clefs voiture
carte EUROCHEQUE LLOYDS BANK
carte retrait VISA   B BARCLAY
(Banque BARCLAY) factures

Tél. :

(CACHET)

DATE

11 janvier 1981

Imp. ST 3605 5-70

DÉCLARATION REÇUE CE JOUR DE :

NOM	MME SYMONS
NOM DE JEUNE FILLE	EMMERTON
PRÉNOMS	Sandra
DATE DE NAISSANCE	2 juin 1949 à Plymouth GB
LIEU DE NAISSANCE	
ADRESSE	7 tregelles Road Mullion à CORNWALL

L'article 154 du Code Pénal punit d'un emprisonnement de trois mois à deux ans et d'une amende de 500 F à 5.000 F quiconque se sera fait délivrer indûment ou aura tenté de se faire délivrer indûment... un récépissé... soit en faisant de fausses déclarations, soit en prenant un faux nom ou une fausse qualité, soit en fournissant de faux renseignements. Les mêmes peines seront appliquées à celui qui aura fait usage d'un tel document.

SIGNATURE		SIGNATURE	NOM	GRADE
DÉCLARANT		RÉDACTEUR	MENDEZ	inspecteur
			SIGNATURE	

N.B. - En cas de vol ou de perte de pièces administratives ou d'identité la présente attestation ne peut être utilisée qu'en vue de la délivrance de duplicata et ne saurait remplacer la pièce elle-même.

(1) Cocher la case correspondante.

E21

You no doubt understand that you should insure your belongings before traveling abroad. If anything is lost or stolen you have to go to the police station and obtain a form like the one on the left in order to make an insurance claim.

1 Were the objects lost or stolen?

2 Name at least two things declared missing.

3 What warning does this form carry for those who have given false information?

E22
Can you explain this pun?

E23

Here is the eye-catching title of a newspaper article. See how much of this item you can understand.

1 When did this incident take place?

2 What does the reporter say the man looked like?

3 What did the loaf of bread conceal?

4 How much money was involved?

5 What did the authorities wish he had left behind?

Hold-up à la baguette

NI BÉRET ni journal sous le bras, seulement une baguette croustillante à la main ; l'homme, âgé d'environ 25 ans, qui rentrait dans une agence du Crédit agricole de Lyon, jeudi, ne se distinguait en rien du Français moyen. Mais l'homme a rompu le pain qui dissimulait... une carabine. Plus riche de 25 000 F, le malfaiteur est reparti à pied, négligeant de semer des miettes de pain. Les enquêteurs ne disposaient donc d'aucune piste.

P

a) Qu'est-ce qu'un malfaiteur? Et un cambrioleur?

b) Imaginez une petite histoire qui s'institule: «Incident à la banque». Racontez-la à votre partenaire.

Here is an article about a raid on a mail train.

Trois blessés dans un hold-up à Arles

LES TRUANDS RATENT LE TRAIN

*Puissamment armés, une dizaine de gangters ont été contraints
d'abandonner leur butin et de prendre la fuite après avoir attaqué un convoi postal*

COMMENCEE selon les meilleurs scénarios du genre, l'attaque du train postal 5038 Marseille-Lyon, entre Arles et Saint-Martin-de-Crau (Bouches-du-Rhône), s'est terminée lamentablement hier matin par la fuite sanglante d'une dizaine de malfrats violents et dangereux qui ont été contraints d'abandonner leur butin.

Hier matin, il était 0 h 40 environ, quand une dizaine d'hommes puissamment armés de revolvers et de mitraillettes, le visage dissimulé par des cagoules, ont arrêté le train postal en bloquant un signal par des barres de fer. Obéissant au « rouge » qui lui ordonne de stopper, le mécanicien a en effet immobilisé son convoi à hauteur de Raphèle-lès-Arles, dans une zone marécageuse.

Les truands, installés dans trois véhicules volés, se sont alors précipités sur le conducteur qu'ils ont contraint à descendre de sa motrice en le molestant. Communiquant entre eux par talky-walkies, ils se sont ensuite attaqués à plusieurs des huit wagons postaux dans lesquels travaillaient une quarantaine d'agents des PTT. Brisant les vitres, ils ont pénétré dans les voitures en blessant deux agents à coups de crosse, avant de s'emparer de vingt-trois sacs postaux contenant des valeurs déclarées, qu'ils ont transportés dans leurs véhicules.

Mais, lorsqu'ils se sont apprêtés à prendre la fuite, ils sont tombés sur un fourgon de gendarmerie qu'un témoin, intrigué par l'arrêt du train en pleine campagne, avait alerté. Les gangsters ont alors révélé leur véritable visage : celui de dangereux malfrats. Ils n'ont en effet pas hésité à mitrailler le fourgon « Trafic » des policiers avant de s'enfuir à pied, abandonnant la totalité de leur butin. Onze impacts de balles de gros calibre ont été relevés sur le véhicule des gendarmes.

A travers champs, les truands ont ensuite réussi à atteindre la RN 113 Arles-Salon où ils ont tenté d'arrêter une voi-

Le commando n'a pas hésité à mollester le mécanicien de la motrice ainsi que deux agents PTT. (Photo AFP.)

ture, mais sans succès. Ils ont alors ressorti l'artillerie pour tirer sur un second véhicule dont le conducteur a été atteint d'une balle à la mâchoire. M. Serge Hermabessière, trente et un ans, a été conduit à l'hôpital d'Arles, où ses jours ne sont pas en danger.

Profitant de la confusion créée par l'accident du véhicule de M. Hermabessière, les malfaiteurs se sont emparés de quatre voitures à bord desquelles ils ont pris la fuite en direction de Lançon-de-

Provence. Un important dispositif policier était mis en place, mais seule, une 505 devait être interceptée peu après vingt kilomètres de Marseille, son conducteur réussissant à fuir à pied. Les enquêteurs du SRPJ de Marseille, à qui l'enquête a été confiée, sont convaincus qu'il s'agissait d'un des agresseurs du train.

Depuis le début de 1985, c'est la cinquième attaque de train qui se déroule dans la région, la dernière en date étant celle d'un convoi de messageries de la

Banque de France dans la nuit du 11 au 12 décembre. Dans un communiqué rendu public hier, le syndicat CGT-PTT de la Méditerrannée a estimé « qu'en refusant les moyens nécessaires afin que le personnel des PTT puisse assumer ses fonctions en toute sécurité et en détournant les forces de police de leur mission première, la protection des biens et des personnes, les pouvoirs publics et l'administration portaient une lourde responsabilité » dans l'agression d'Arles.

L'HUMANITÉ/VENDREDI 22 AOUT - 13

1 How many robbers were involved in the raid?

2 How did they stop the train?

3 How did they get in the cars?

4 What was their goal?

5 How had they planned their getaway? What problem did they encounter?

6 What is the reporter's attitude to the subsequent conduct of the gang?

7 How did they make their escape?

8 According to the Post Office Worker's Union, where can blame be laid for such attacks?

Chapter 8
La santé et le bien-être

Imaginez que vous tombez malade en France. Vous recevrez des ordonnances, des conseils de votre médicin et plusieurs médicaments. Ce chapitre vous présente une série d'articles, de panneaux et de réclames pour médicaments. Comment les comprendre? On va voir!

A   Les maladies

Here are some important signs relating to your welfare abroad.

La Poste	80 m
Théâtre	150 m
Sécurité Sociale	200 m
Recette des Finances	200 m
Centre Hospitalier Général	
Gendarmerie	

E1

If you were involved in an accident, why would this sign be of significance?

SANG

= VIE!

- de 18 **à** 60 ans, toute personne en bonne santé peut donner son sang.

- Un intervalle de 2 mois doit être respecté entre 2 dons (les hommes peuvent donner 5 **fois par an,** les femmes 3 **fois**).

- Le volume prélevé ne représente qu'une goutte sur 14, l'organisme le reconstitue en moins de 3 **heures.**

Ne pas consommer de matières grasses avant le don, mais il est inutile de se présenter à jeun. Une collation est offerte **après** le don du sang.

E3
What does this sign encourage people to do?

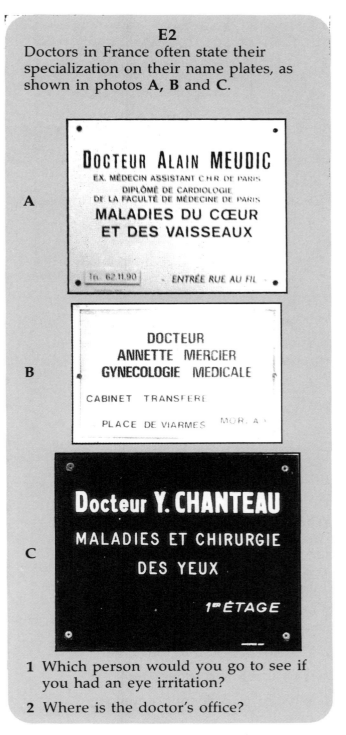

E2
Doctors in France often state their specialization on their name plates, as shown in photos **A**, **B** and **C**.

A

DOCTEUR ALAIN MEUDIC
EX. MÉDECIN ASSISTANT CHR DE PARIS
DIPLÔMÉ DE CARDIOLOGIE
DE LA FACULTÉ DE MÉDECINE DE PARIS
MALADIES DU CŒUR
ET DES VAISSEAUX

Tél. 62.11.90   ENTRÉE RUE AU FIL

B

DOCTEUR
ANNETTE MERCIER
GYNECOLOGIE MEDICALE

CABINET TRANSFERE

PLACE DE VIARMES   MOR. A

C

Docteur Y. CHANTEAU
MALADIES ET CHIRURGIE
DES YEUX

1er ÉTAGE

1 Which person would you go to see if you had an eye irritation?

2 Where is the doctor's office?

Je t'écris maintenant que j'ai beaucoup de temps devant moi car figure-toi je suis malade. Je dois rester au lit toute la journée pendant au moins une semaine parce que j'ai la rougeole depuis deux jours! Aujourd'hui, j'ai un peu moins de fièvre mais hier, cela n'allait vraiment pas. En plus, j'ai un rhume et le docteur a bien peur que cela ne devienne une grippe. Je n'ai vraiment pas de chance : j'ai tout attrapé en même temps. Remarque, comme ça, maman me chouchoute beaucoup et je ne vais pas à l'école... (seulement après, il va falloir que je rattrape les cours, ce qui est plus embêtant).

Bon, je vais te quitter. J'espère que cette lettre ne va pas t'apporter tous mes microbes !

E4

Your French penpal has just written a letter and she is suffering!

1 How long has she had the measles?

2 For how long must she stay in bed?

3 What other complication does she have?

4 What will happen when she goes back to school?

E5

When you pay a doctor's bill in France, you can go to the local social security office for reimbursement. You are likely to obtain a form like the one on the right.

1 What is the name of the person who had received treatment?

2 Was she referred to a hospital?

3 How much had to be paid?

4 What piece of identification was provided?

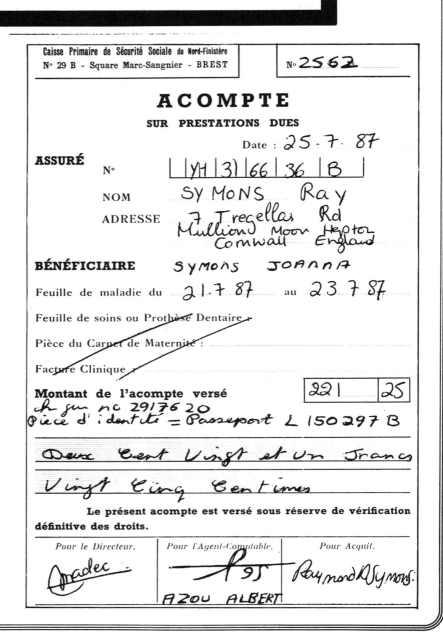

Caisse Primaire de Sécurité Sociale du Nord-Finistère
N° 29 B - Square Marc-Sangnier - BREST

N° 2562

ACOMPTE

SUR PRESTATIONS DUES

Date : 25.7.87

ASSURÉ N° | YH | 31 | 66 | 36 | B |

NOM SYMONS Ray

ADRESSE 7 Tregellas Rd Mullion Moon Hepton Cornwall England

BÉNÉFICIAIRE SYMONS JOANNA

Feuille de maladie du 21.7 87 au 23.7 87

Feuille de soins ou Prothèse Dentaire :

Pièce du Carnet de Maternité :

Facture Clinique :

Montant de l'acompte versé | 221 | 25 |
Ch que no 2917620
Pièce d'identité = Passeport L 150297 B

Deux Cent Vingt et Un Francs

Vingt Cinq Centimes

Le présent acompte est versé sous réserve de vérification définitive des droits.

Pour le Directeur, / Pour l'Agent-Comptable, / Pour Acquit.

95

AZOU ALBERT / Raymond Symons

Animal lovers may sometimes be blind to the more unhealthy aspects of keeping pets, as shown by this sign in a French street.

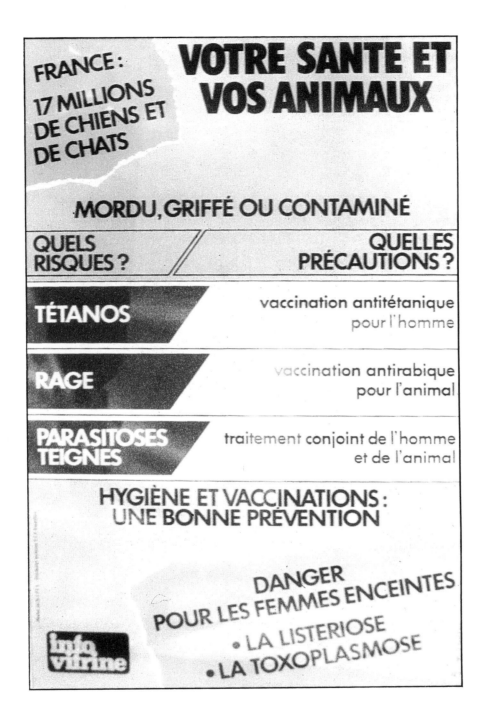

1 What, briefly, does the sign deal with?

2 How can these diseases be passed on?

P

a) Êtes-vous jamais allé(e) à un hôpital? Pourquoi?

b) Racontez ce que vous avez fait la dernière fois que vous étiez malade.

c) Avec votre partenaire, jouez une scène qui se déroule entre un(e) malade et son docteur.

B Les médicaments

While looking for aspirin in the medicine chest of your French family, you come across various packages of medicine.

avibon® pommade

formule   pour 100 g
rétinol (vitamine A naturelle)   1.000.000 U.I.
excipient parfumé q.s.
visa NL 1.502

avibon® pommade

rétinol

théraplix

tube
de 30 g

indications
plaies atones, ulcères de jambe, escarres de décubitus,
retard de cicatrisation, brûlures, engelures, gerçures,
coups de soleil, érythèmes fessiers des nouveau-nés,
dermatoses

posologie et mode d'emploi
se reporter à la notice jointe

COMPOSITION
- Phénacétine . . . . 100,00 mg
- Acide Ascorbique (Vit. C) . . . . 200,00 mg
- Chlorhydrate de quinine . . . . 72,59 mg
  (correspondant à 66 mg de chlorhydrate de quinine anhydre)
- Excipient . . . . q.s.p. un comprimé enrobé
A.M.M. n° 326 519.9   Visa Pc 326Q 488

CÉQUINYL
100 mg

ETATS GRIPPAUX ET REFROIDISSEMENTS

ÉTATS GRIPPAUX
REFROIDISSEMENTS
COURBATURES
ÉTATS FÉBRILES ACCOMPAGNANT
LES AFFECTIONS RHINOPHARYNGÉES
LABORATOIRES LABAZ 33440 AMBARÈS FRANCE
Distribué par : LABORATOIRES LAFARGE 36000 CHATEAUROUX

Cette boîte contient un gramme de Bromure de Pinavérium.

dicetel 20 GELULES

INDICATIONS (adultes seulement) :
Colites, dyskinésies biliaires, dyskinésies œsophagiennes,
ulcères gastroduodénaux, préparation aux examens radiologiques.
POSOLOGIE : Suivant avis du médecin.
MODE D'EMPLOI :
**Avaler la gélule sans l'ouvrir avec une boisson
au milieu des repas.**   A.M.M. 319.323.5

TOPLEXIL

SIROP
CONTRE LA TOUX

FLACON DE 125 ml
VOIE ORALE

Il est recommandé de ne pas laisser les
médicaments à la portée des enfants.
Même dans les affections chroniques le
Toplexil sirop ne doit pas être administré
de façon continue

The brand names of these medicines are listed below together with some common ailments.

	Sunburn	Stomach complaints	Colds and flu
Avibon			
Dicetel			
Toplexil			
Céquinyl			

Copy the box and check off the treatment that can be used for each of the conditions mentioned.

TOTAPEN TOTAPEN

Ampicilline   Ampicilline

NOURRISSONS

MODE D'EMPLOI : introduire dans le flacon de l'eau minérale non gazeuse ou de l'eau bouillie refroidie jusqu'au trait indiqué.

Agiter à plusieurs reprises jusqu'à obtention d'un liquide homogène. Si besoin, compléter à nouveau avec de l'eau jusqu'au trait et agiter.

Le sirop obtenu se conserve une semaine à la température ordinaire.

AGITER AVANT L'EMPLOI

125 mg

POUDRE POUR SIROP

ÉTATS GRIPPAUX

LA RÉPONSE OSCILLOCOCCINUM®

Vous pensez avoir pris froid. Vous vous sentez fatigué. Peut-être avez-vous mal à la tête, des frissons, des courbatures...? Vous couvez quelque chose. Vous avez peur d'attraper la grippe.

OSCILLOCOCCINUM® est indiqué pour les états grippaux. Il sera d'autant plus efficace et rapide d'action qu'il sera utilisé dès les premiers symptômes.

BIEN PASSER L'HIVER

Il est conseillé de prendre une dose, matin et soir, pendant 1 à 3 jours.

On peut aussi le prendre de façon préventive à raison d'une dose par semaine pendant la période d'exposition grippale.

oscillo-coccinum
états grippaux
laboratoires BOIRON

oscillococcinum®

PRÉPARATION HOMÉOPATHIQUE

E8

Here is another label from a medicine bottle in the cabinet. Indicate the sentences that are true about this medicine.

1 It is in tablet form.

2 It should be diluted with water.

3 It should be shaken before use.

4 It can be kept for one month at room temperature.

---

théralène
pectoral

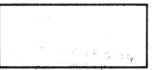

sirop composé
flacon de
150 ml

théraplix

posologie

se conformer aux prescriptions du médecin traitant

adultes :
2 à 3 cuillerées à soupe par jour

enfants :
(à partir de 30 mois)
1 cuillerée à café
à 3 cuillerées à soupe
par jour
suivant l'âge.

indications

toux rebelles, trachéites, laryngites, coqueluche, bronchites aiguës et chroniques, complications pulmonaires de la grippe, pneumopathies, emphysème, dyspnées.

E9

If medicine is prescribed for you in France you must make sure you understand the instructions!

1 Does this medicine come in tablet form?

2 Should this medicine be taken internally?

3 How many tablespoonsful may an adult take a day?

4 Is this medicine suitable for children under two and a half years of age?

5 Can this medicine be used to treat a range of throat infections and coughs?

E10

Here are details of a treatment that can be bought from a pharmacist.

1 Can you take this medicine to soothe muscle pain?

2 Would this medicine ease flu symptoms?

3 Is this medicine only effective when flu is diagnosed?

4 Does this package suggest that the medicine will help you enjoy wintertime?

5 May you take this product as a preventive medicine once a day?

E11

Here is a set of directions for using some tablets.

1 What is the recommended dosage for people suffering from the flu?

2 What else is recommended during the treatment?

3 What is the longest period that you should use this drug continuously?

SANOGYL *enfant*

FORMULE :

Acétarsol sodique	0,56 g
Monofluorophosphate de sodium	0,76 g
Phosphate dicalcique stabilisé	42,50 g
Excipient aromatisé à la fraise des bois q.s.p.	100,00 g

MODE D'EMPLOI :

Il est recommandé de pratiquer le brossage des dents après chaque repas, soit trois fois par jour, en tous cas après le petit déjeuner et le dîner. La durée moyenne du brossage doit être de UNE minute environ, en laissant la mousse au contact des dents et de la muqueuse buccale pendant environ TROIS minutes avant le rinçage de la bouche à l'eau froide ou tiède.

CONTRE-INDICATION :

Aucune contre-indication n'a été signalée.

PRÉSENTATION :

Tube de 60 g

Le **SANOGYL ENFANT** est vendu exclusivement en Pharmacie sous le numéro d'Autorisation de Mise sur le Marché :

A.M.M. n° 315-742-3

LABORATOIRES H. VILLETTE
5, rue Paul-Barruel - 75015 PARIS

SANOGYL *enfant*

pâte dentifrice
PROPHYLAXIE DE LA CARIE DENTAIRE
ET DE LA PYORRHEE ALVEOLAIRE
VENTE UNIQUEMENT EN PHARMACIE
Poids 60 g environ

A.M.M. n° 315-742-3

POSOLOGIE

- *Affections grippales :*
  Adultes : dès les premiers symptômes, 1 comprimé toutes les 4 heures.
  A partir du 2e jour, 1 comprimé 1 à 3 fois chaque jour.
  Enfants de 7 à 15 ans : 1 comprimé 1 à 3 fois par jour.

- *Refroidissements et courbatures fébriles,*
  Etats fébriles accompagnant les affections rhinopharyngées :
  1 comprimé 1 à 3 fois par jour pendant 3 jours.

MODE D'EMPLOI

Il est recommandé de boire plusieurs verres d'eau au cours de la journée pendant la durée du traitement.

MISE EN GARDE

Ce médicament contient de la phénacétine ; en cas de maladie rénale, ne pas l'utiliser sans avis médical.

PRECAUTIONS D'EMPLOI

- *L'utilisation abusive et prolongée des médicaments à base de phénacétine peut entraîner des lésions rénales graves et irréversibles.*
- *Ne pas dépasser la posologie journalière indiquée sauf avis médical.*
- *Ne pas utiliser ce médicament plus de 30 jours sans avis médical.*
- *Ne pas laisser à la portée des enfants.*

PRESENTATION
Etui de 12 comprimés enrobés.

A.M.M. N° 326 519.9
Visa Pc 325 Q 488

LABAZ *Laboratoires LABAZ 33440 AMBARÈS FRANCE*

E12

Regular brushing of teeth is a prerequisite for good health. Here is a container for some special toothpaste.

1 Who is likely to use this sort of toothpaste?

2 Where can it be purchased?

3 What flavor is it?

4 How often should it be used?

5 What is the average amount of time it should take to brush your teeth?

C La santé

French people are, like us, becoming increasingly health conscious. Here are some extracts from a magazine article about vitamin C.

Santé.
Manger mieux

Vitamine C au quotidien

Une alimentation riche en fruits et en légumes comble nos besoins quotidiens en vitamine C. Cette vitamine peut se dégrader facilement. Sachez la découvrir et la conserver.

CLAUDE JOUAIRE.

1 Où la trouver

● **Les fruits.** Ils sont la meilleure source de vitamine C. Les agrumes viennent en tête précédés du cassis (en saison). Pour 100 g, le cassis apporte 150 mg de vitamine C ; les citrons 50 à 60 mg ; les oranges 50 mg ; les mandarines 40 mg.
● **Les légumes.** Crus, ils gardent leur vitamine C,

mais leur teneur varie. Par exemple, toujours pour 100 g, le chou vert contient 200 mg de vitamine C ; les épinards 50 mg ; le chou-fleur, les poireaux seulement 30 mg. Pensez à parsemer vos plats de quelques brins de persil haché, très riche en vitamine C (pour les autres légumes voir le tableau). Pour subvenir à vos besoins journaliers (la vitamine C n'est pas stockée par l'organisme), consommez chaque jour deux fruits entiers ou pressés en jus, un légume cru et un légume cuit et variez-les.

E13

1 Which fruit is the best source of vitamin C?

2 Which of the following vegetables should you eat to obtain the maximum amount of vitamin C?
   a) Cauliflower
   b) Cabbage
   c) Spinach
   d) Leek

3 How can you insure that you are receiving the right amount of vitamin C daily?

E14

Here is a list of vegetables that contain vitamin C. Below are four drawings of some of these vegetables. What are their French names?

1   2

3   4

Teneur en vitamine C
en mg pour 100 g d'aliments

Légumes

Persil : 200 mg
Chou vert : 200 mg
Chou rouge : 70 mg
Chou blanc : 50 mg
P. de terre nouv. : 40 mg
Tomates : 38 mg
Haricots verts : 19 mg
Radis : 18 mg
Choucroute : 16 mg
Laitue : 10 mg
Salsifis : 9 mg
Concombre : 8 mg

E15

The article concludes with advice on how to obtain the highest amount of vitamin C in your cooking.

Are these statements true or false?

1 You should store vegetables in the bottom of your refrigerator.

2 You should peel vegetables well in advance.

3 You should not soak vegetables before cooking.

4 You can recover essential vitamins and minerals by using the water from boiling vegetables at a later date.

5 Frozen vegetables and fruit contain less vitamin C than fresh ones.

2 Pour bien la garder

Attention, la vitamine C est fragile. Elle s'oxyde à l'air, « file » dans l'eau de cuisson. D'où l'importance de garder vos légumes dans le bac de votre réfrigérateur (pas plus de deux jours) et de savoir les préparer et les cuire.
● **Épluchez les crudités** à la dernière minute avec un couteau inoxydable. Accommodez-les vite, l'acidité de l'assaisonnement favorise la stabilité de la vitamine C.
● **Ne laissez pas tremper vos légumes** avant cuisson. Une partie des vitamines serait perdue.

● **Préférez la cuisson à la vapeur** (10 à 20% de perte de vitamine C) ou à l'autocuiseur, à la cuisson à grande eau qui en perd 50%.
● **Gardez le bouillon**, si vous les cuisez à l'eau, et servez-le comme entrée le soir. Vous récupérerez ainsi une bonne partie des vitamines et des sels minéraux.
● **Autre solution : l'étuvage** dans une très petite quantité d'eau qu'on laisse s'évaporer. La perte est peu importante.
Les fruits et légumes crus surgelés n'ont pas « attendu » avant leur transformation industrielle. Leur teneur en vitamine C est donc la même que celle des produits frais. En conserve, les légumes ne subissent pas une grande perte. ■

Santé.

Manger mieux

Les laitages allégés

Yaourts et fromages blancs sont d'excellents aliments pour garder la ligne. En suivant nos conseils, vous saurez mieux les choisir et vous aurez plein d'idées pour les préparer.

C. JOUAIRE

Qu'ils soient à 0% de matière grasse ou à 20%, 30%, les laitages conservent à peu près la même teneur en protéines et en calcium. Ils laisseront votre corps ferme et musclé et vos os en bon état. Seuls changent leur goût et le nombre de calories qu'ils apportent.

Peu de matière grasse

Pour guider votre choix dans les rayons des supermarchés, voici un classement des principaux laitages « minceur », en commençant par les moins caloriques.
● **Yaourt ou fromage blanc, lait fermenté à 0% de matière grasse.** Totalement écrémés, riches en eau (plus de 82% dans la plupart des fromages blancs), ils sont d'excellents « coupe-faim » naturels et se digèrent facilement. Un yaourt maigre (120 g) apporte 50 Kcal soit 7 Kcal de moins qu'un yaourt normal ;

Santé

Manger mieux

Un régime en hiver

Vous suivez un régime ? Ne soyez pas tentée de l'arrêter à cause du froid. Adaptez plutôt votre nourriture à la saison et à votre mode de vie.

Pour vous réchauffer, ne cédez pas aux alcools chauds : grogs, vins... très riches en calories. Buvez plutôt des tisanes, du thé léger, des citronnades chaudes, des bouillons. Et commencez vos repas, au moins, celui du soir, avec un potage aux légumes.

Selon le mode de vie

Lorsqu'il fait moins 5°, vos besoins quotidiens en calories sont différents selon votre mode de vie.

● Si vous êtes sédentaire ou si vous travaillez dans un endroit bien chauffé, n'augmentez pas votre ration calorique mais buvez et mangez chaud.
● Si vous vous déplacez en moto, à bicyclette ou si vous marchez longtemps dans le froid, ajoutez un supplément à votre régime habituel. Un exemple : une heure de marche au froid occasionne une dépense de 200 kcal. Vous pouvez compenser cette perte en ajoutant une cuillerée à dessert d'huile (ou bien 2 mini-plaquettes de beurre allégé) et une pomme (ou bien deux morceaux de sucre) à votre ration calorique journalière.

E16

Here is the first part of another article on health matters.

1 What is the difference in the protein and calcium levels of whole and low-fat milk products?

2 What specific benefits does it say these products will bring to you?

3 How many calories does an ordinary yogurt contain?

E17

When do you think this patient was having his X-ray taken?

E18

1 This article suggests you might be tempted to give up on a diet? Why?

2 What does this article advise you to drink?

3 What are you advised to eat before your evening meal?

4 What should you not do if you have a sedentary job?

5 To replace energy, what is suggested as an addition to your normal diet?

P

a) Avez-vous jamais suivi un régime?

b) Pensez-vous que les régimes produisent souvent de bons résultats?

c) Créez un régime d'hiver qui soit à votre goût et, après, un régime d'été. (Le menu à droite peut vous servir de modèle.)

Petit déjeuner
● The
● Pain grillé beurré
● Fromage blanc

Déjeuner
● Salade d'endives
● Langue de bœuf à la choucroute
● Tome à 10% de matière grasse
● Orange

Goûter
● Lait chaud au cacao amer
● 1 tartine beurrée

Dîner
● Pot-au-feu et ses légumes
● Fromage blanc
● Pomme rôtie

Le fromage constitue l'une des bases les plus nutritives et savoureuses de l'alimentation. C'est un aliment presque complet qui contient à peu près tout ce qui est nécessaire à la croissance et au développement du corps humain. Il est une source incomparable de protides et de calcium, il convient à tous les tempéraments et peut être consommé à tous les âges.

La France a la chance d'être le paradis des fromages puisqu'elle en possède plus de 365 sortes qui ont chacune leur caractéristique et leur saveur particulière.

La fromagerie française a su évoluer du stade familial et artisanal au stade industriel tout en gardant intacte ses recettes traditionnelles, sa garantie de pureté, de naturel et de gastronomie. Brillat Savarin, célèbre gastronome français, disait : "un repas sans fromage est comme une belle à qui il manque un œil".

This is an extract from a leaflet explaining the virtues of French cheeses.

1 What are the advantages of eating cheese?

2 Can you explain Brillat Savarin's statement?

E20

If "cleanliness is next to godliness" what do you make of this article in a French magazine?

Quatre savonnettes par an et par Français ! Chaque année, les résultats des enquêtes effectuées en France sur l'hygiène nous époustouflent. Ce n'est pas possible ! Les Français ne se lavent-ils pas ? De la même manière, 61 % des Français déclarent se laver les dents plusieurs fois par jour, on en déduit donc que 135 millions de brosses à dents devraient être vendues, alors qu'il ne s'en vend que 42 millions par an. Quelque chose cloche, mais quoi ? L'idée que l'on a de l'importance de l'hygiène probablement. Une notion qu'il vaut mieux de toute façon, surestimer que sous-estimer. Pour sa propre santé d'abord, pour notre bien à tous ensuite...

LES MAINS

Là, il faut faire très attention. En effet, les mains, et l'on n'y pense jamais autant qu'on le devrait, représentent le véhicule idéal des microbes. N'oubliez donc jamais de les laver soigneusement en sortant des transports en commun, avant de passer à table, en sortant des toilettes, le soir avant de vous coucher. Toujours à l'eau chaude. En outre, n'ignorez pas la brosse à ongles qui elle aussi est indispensable. On doit brosser ses ongles sous le robinet chaque fois que l'on se lave les mains. Enfin, il faut impérativement s'empêcher de porter ses mains à la bouche. Ce réflexe risque de vous valoir des maladies inexpliquées qui pourraient si facilement être évitées.

LES DENTS

Après chaque repas, tout le monde sait qu'il faut se laver les dents. Tout d'abord pour éviter les caries, ensuite pour avoir bonne haleine, enfin pour garder ses dents blanches. Mais qui le fait effectivement ? Désormais, plus d'excuses avec les brosses à dents pliables, enfermées dans un petit étui que l'on peut transporter n'importe où. Enfin, sachez qu'une brosse à dents se change très souvent : dès que les poils semblent se détacher, il est temps pour vous d'en racheter une autre.

SE LAVER allo maman bobo ? C'EST AUSSI PRESERVER SA SANTE

SOUS LA DOUCHE

Une douche chaque matin, dès le réveil, représente un principe d'hygiène de base. Inutile d'y consacrer trois heures, ce serait exagérer. Après s'être mouillé des pieds à la tête, se savonner entièrement, puis rincer avec attention, en effet, le savon qui reste dans les replis de la peau, entre les orteils par exemple, risque d'irriter votre peau, et provoquer des réactions indésirables. Ensuite se sécher avec une serviette propre, minutieusement. A partir de quoi vous pourrez utiliser eau de toilette, lait pour le corps, et autres produits de toilette, mais jamais avant la douche. En été, nul ne vous interdit d'en prendre une le soir en rentrant chez vous. Tout d'abord on dort mieux, ensuite, vous évitez les risques d'irritation et les désagréments provoqués par une transpiration trop abondante.

LE LINGE

Qu'il s'agisse du linge de toilette ou de sous-vêtements, il faut être méticuleux. Les serviettes de toilette ainsi que les gants, les éponges, les peignoirs, etc. sont des effets strictement personnels. Ils vous appartiennent et nul ne doit s'en servir autre que vous-même. De la même manière que l'on n'emprunte jamais la serviette de quiconque. Quant aux sous-vêtements, qui sont eux aussi personnels, ils se doivent d'être changés chaque jour. En été, voire plusieurs fois par jour, car la transpiration les salit beaucoup plus vite et les rend humides.

CONSEILS D'HYGIENE

• Préférez les savons crème ou gels douche aux traditionnelles savonnettes. En effet, des chercheurs ont découvert que les savons que l'on repose mouillés sur le bord du lavabo, contenaient énormément de microbes, ennuyeux pour la peau, et que l'on se transmettaient allègrement les uns aux autres par l'intermédiaire du même savon.

• Préférez les sous-vêtements en coton plutôt qu'en synthétique. Ils permettent une transpiration naturelle, et évitent de ce fait les désagréments des irritations et des démangeaisons.

• Peignes et brosses à cheveux doivent être lavés soigneusement chaque semaine, en procédant ainsi : débarrasser peignes et brosses des cheveux, ensuite les faire tremper une demi-heure dans de l'eau chaude additionnée d'un peu de produit vaisselle, et d'une goutte d'eau de Javel, qui désinfecte en profondeur.

• Ne jamais boire ni manger dans le verre ou l'assiette de qui que ce soit. En effet, même si cette personne est propre, cela ne l'empêche pas d'être porteuse de microbes, comme tout un chacun, et de vous les transmettre par cet intermédiaire.

• Préférez les mouchoirs ou serviettes en papier, que vous jetterez au bout d'une seule et unique utilisation.

• Dans les endroits publics, autant boire à la paille tout ce qu'il est possible de boire de cette façon (boissons gazeuses ou non), par prudence, tout simplement.

1 What are the five main headings in the article?

2 When should you always wash your hands?

3 When should a toothbrush be thrown away?

4 When should you always take a shower?

5 What is said about:
   a) sharing dishes?
   b) using handkerchiefs?
   c) using drinking straws?

Chapter 9
Les voyages et le transport

Savoir voyager fait le bonheur du voyageur. Dans ce chapitre, nous allons apprendre l'art de voyager en France!

A   En voiture

As you drive around a French town, you will see many signs giving traffic instructions. Most can be guessed. Here is a selection of some you might find about parking, since this is one of the most common problems concerning cars.

E1
Can you park your car here?

E2
What can't you do here?

E3
What would happen to you if you were caught parking here? Why?

E4
Why are you not permitted to park here?

E5
Where exactly is parking allowed on this street?

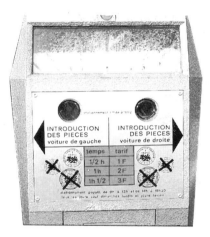

E6

1 How much would it cost you to park here for one and a half hours?

2 Which coins would you have to put in the meter?

E7

1 Can you park your car here?

2 Which vehicles may not park here?

3 Where can these vehicles park?

E8

If you do not observe the rules of the road, you may get a parking ticket from the police like the one below.

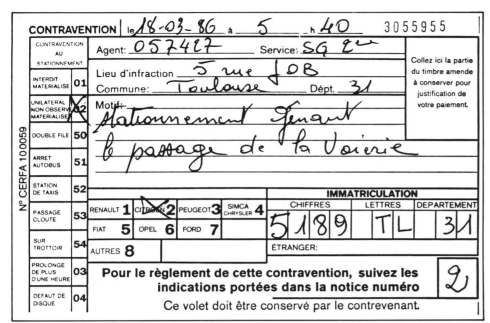

1 Which of the following statements are true?

   a) The owner has already paid an immediate fine for the offense.

   b) This form cannot be used for foreign visitors' cars.

   c) The offense was committed in Toulouse.

2 The ticket was issued because:

   a) the car was parked on or near a pedestrian crossing.

   b) the car was parked on the pavement.

   c) the car was blocking the street and restricting traffic.

   d) the car had no vehicle sticker.

E9

While on vacation with your family, your car develops a faulty headlight. You look through a local newspaper and find several garages mentioned.

A

GARAGE ROUSSEL s. a.

3, RUE ASSELINE

Consessionnaire exclusif

DIEPPE   TÉLÉPHONE : 84.12.92 — 84.29.70

SIMCA

CARROSSIER Toutes Marques

ATELIER DE RÉPARATIONS
Mécanique · Tôlerie · Peinture

Voitures d'Occasion toutes Marques

ÉCHANGE · CRÉDIT · GARANTIE

B

GARAGE DE LA PLAGE

63, Sur la Plage - 4, Rue Bouzard — DIEPPE — Tél. 84.10.36

Concessionnaire exclusif : "FORD"

◆ Atelier de Réparations Mécanique et Carrosserie ◆

C

GARAGE JEAN - JAURÈS

8, AVENUE JEAN-JAURÈS, ROUTE DU HAVRE
DIEPPE-JANVAL — Tél. 84.32.85

CONCESSIONNAIRE EXCLUSIF

ATELIERS DE RÉPARATIONS MÉCANIQUE ÉLECTRICITÉ TOLERIE PEINTURE

FIAT NECKAR AUTOBIANCHI

STATION SERVICE B. P.

ULTRA MODERNE

SPÉCIALISTE VOITURES D'OCCASION

D

ÉQUIPEMENTS ÉLECTRIQUES ET D'INJECTION

DIESEL

BOSCH SERVICE

Station LAVALETTE-BOSCH P.M.

PARIS-RHONE
DUCELLIER

ALLUMAGE - CARBURATION

DYNAMOS MAGNÉTOS DÉMARREURS

ACCUMULATEURS **Fulmen** les plus durables

VILLERET-LUNEL

2, Rue Gambetta - DIEPPE - Téléphone : n° 84.13.98

Which two garages (A–D) specialize in electrical repairs?

Your family is spending a short vacation in Brittany and your parents have decided to rent a car so that you can all travel around and see the countryside and neighboring towns. Your mother points out these two advertisements to you.

ÇA ROULE À 1/2 PRIX !

à partir de

59 F

par jour TTC
+ 0,60 F/Km
Contrat Mondial
Assistance inclus

ADA est le premier loueur de véhicules d'occasion (tourisme et utilitaires) en France. Ce nouveau service vous permet de couper la facture en deux par rapport aux loueurs traditionnels.

Toutes les voitures ADA sont parfaitement entretenues et régulièrement révisées.

ADA pratique la location de courte et longue durée, la location au kilomètre parcouru ou le forfait kilométrique illimité.

pam brest

ADA

LOCATION D'OCCASIONS

TARIF SPECIAL BRETAGNE

Hertz

FORFAIT "1 JOUR + 350 KMS"

CATEGORIES – TYPES		PRIX TTC par JOUR
A	SUPER 5 C ou similaire	400 F
B	PEUGEOT 205 ou similaire	450 F
C	RENAULT 11 ou similaire	500 F
D	RENAULT 21 ou similaire	650 F

T.V.A. 33,33 %.

CONDITIONS

- Ces tarifs sont applicables uniquement dans les villes AFFAIRES & LOISIRS
- Le véhicule doit être obligatoirement restitué à la station de départ.
- Ces tarifs sont reconductibles mais non remisables.
- Le paiement s'effectue au comptant, au retour de la location.
- Age minimum : 21 ans.
- Le carburant n'est pas compris au tarif.
- Kms supplémentaires : suivant tarif HERTZ FRANCE.
- Le contrat comprend une assurance aux tiers illimitée, vol, bris de glaces, incendie et dégâts de la voiture avec une franchise de 5500 F pour les groupes A et B, 6000 F pour le groupe C et 6500 F pour le groupe D.
- La suppression de franchise et l'assurance personnes transportées peuvent être obtenues aux conditions du tarif HERTZ-FRANCE en vigueur.

S.A. AFFAIRES & LOISIRS Concessionnaire

Since your parents understand very little French, can you explain the conditions for renting a car?

1 Can you leave the car in a different town from the one where you picked it up?

2 When do you pay for the rental of the Hertz car?

3 Why is the *ADA* rental charge so much lower?

4 Do you have to pay extra for each kilometer traveled with *ADA*?

You glance through a French magazine and see this review of a new small car, the *Innocenti Minimatic SE*.

La passe-partout
Une boîte automatique associée à un petit gabarit : une formule idéale pour rouler partout sans trop se fatiguer

Innocenti, le charme fou de la Minimatic SE

Pour vous mesdames ! Avec sa carrosserie sobre et moderne, son intérieur particulièrement raffiné, son moteur nerveux... et sa conduite reposante, grâce à la boîte automatique, la Minimatic SE a vraiment tout pour séduire... les femmes d'abord !

La Minimatic SE d'innocenti chausse la même pointure que ses concurrentes : 316 cm ! Même profil, même tablier-bouclier à l'avant qui, en cas de distraction, permet de cogner un petit peu sans érafler la carrosserie. Mais passé le barrage d'ouverture des portières — pas moins de 3 clés prévues dans le trousseau — tout diffère !

Côté confort, c'est une véritable bonbonnière : tout a été fait pour rendre les séjours à bord agréables.

Intérieur de première classe

Au menu : portières recouvertes de velours damassé, sièges enveloppants , moquette bouclée tête-de-nègre, bandeau de suédine champagne pour souligner un tableau quadrillé sur fond bleu lumineux. Les témoins de contrôle sont au grand complet : eau, température, niveau d'huile, on ne se salit plus les mains avec la jauge, le témoin s'allume en cas de besoin ! L'équipement est également haut de gamme : appui-tête, lève-glace électrique, montre digitale, disque de stationnement incorporé dans le pare-soleil qu'il suffit de baisser pour que la contractuelle puisse lire de l'extérieur. Un détail appréciable enfin : vide-poches et boîte à gants juste à hauteur du tableau de bord.
Dommage que l'on ne puisse faire profiter d'un tel confort toute sa famille. Il faut choisir : ou votre passager se retrouve tassé à l'avant, ou vos bambins n'ont pas la place de glisser leurs petites gambettes à l'arrière.

Peu de coffre, mais du souffle

On regrette une mauvaise distribution de l'espace à l'arrière, que l'on aurait pu réserver presque entièrement aux sièges : pour une bonne utilisation du coffre, un peu bâtard, il faut obligatoirement rabattre la banquette arrière dès lors que l'on décide d'aller faire un tour au supermarché.
La boîte automatique est à l'automobile ce que la machine à laver est à la lessive : le symbole d'une certaine libération. Plus de vitesse à passer, plus de débrayage, il suffit de placer le levier sur la position marche-avant pour que les vitesses s'enclenchent automatiquement dès que le moteur en redemande et vice versa, ce qui est appréciable dans les embouteillages. Le moteur est suffisamment nerveux pour emprunter gaiement la route ou l'autoroute. Aucune crainte des radars puisque sa vitesse de pointe ne dépasse guère 130 km/h. Dommage que la suspension ne fasse pas bon ménage avec les rues pavées et les dos d'âne ! Choisissez bien votre environnement.
Budget, bon rapport qualité-prix compte tenu du confort intérieur et de l'agrément de conduite. On lui pardonne d'être un tout petit peu gourmande : 6,45 l à 90 km/h, 9,57 l à 120 et 8,35 l en ville. On en veut au service des Mines qui lui a attribuée une puissance fiscale de 6 CV en raison de sa boîte automatique, ce qui porte la vignette à 350 F au lieu de 184 F pour les petites cylindrées habituelles, auxquelles elle est comparable. ■

Annick Galdoz

FICHE TECHNIQUE	
Cylindree	993 cm
Puissance fiscale	6 C V
Puissance maxi	52 ch
Vitesse maxi	135 km/h
Roues motrices	avant
Longueur	3.160 m
Largeur	1.520 m
Poids	673 kg
Prix	47 900 F

NOTRE AVIS

POUR
● boite automatique
● confort interieur
● maniabilite
● prix

CONTRE
● places arriere exigues
● suspension.

1 What features does the *Minimatic* have in common with its rivals?

2 How does one check the oil level?

3 Name three features of the car's interior that can be considered top of the line.

4 What is the biggest single drawback of the car?

5 What is the car like to drive?

Minicopie. Réplique d'une véritable Suzuki, la Feber Suzuki 2 places trace la route aux enfants de 3 à 8 ans qui ont soif d'aventures «tout terrain»: roues en caoutchouc, changement de vitesse avant-arrière, accélérateur et frein à pied. La philosophie de Feber : créer des jouets originaux d'une qualité et d'une sécurité absolues. Magasins de jouets et grandes surfaces.

Here are details of a mini-Suzuki.

1 What features does this car have?

2 What market is it aimed at?

3 Where can it be bought?

Your French friends are conducting a survey on traffic accidents in the region for their school magazine. Here is an extract from the local press.

DES QUATRE OCCUPANTS de la R 20, écrasée jeudi soir par un poids lourd qui s'est retourné au Bignon-sur-Maine, en Loire-Atlantique, seul le conducteur M. Alain Blandel, de Rezé, en est sorti vivant, certes légèrement blessé. Sa femme, sa fille, sa nièce, qui avaient profité d'un voyage d'affaires à Poitiers pour visiter un zoo, ont été tuées. Tué, également, le conducteur de la 4 L, M. Jacky Bochand, de Nantes, qui avait perdu le contrôle de son véhicule, celui-ci se déportant sur la gauche au moment où survenait en face le poids lourd. Le routier, en tentant d'éviter le choc, s'est retourné, écrasant la R 20 et coupant la route à une troisième voiture, une Alfa-Roméo, qui survenait. Bilan à méditer au moment de prendre la route : quatre morts et sept blessés.

Their fact sheet asks for the following details of each accident. Copy the table and try to complete it for the accident above.

Place of accident		Day and time of accident		
Details of Accident	vehicle 1	vehicle 2	vehicle 3	vehicle 4
Type of vehicle				
Number of people killed				
Total number of casualties				
Cause of accident				

P

a) Quels sont les plaisirs et les dangers d'être automobiliste?

b) Décrivez votre voiture idéale.
Comparez-la à celle de votre partenaire et justifiez votre choix.

B À vélo

LOUEZ UN VELO

location de vélos

LIVRAISONS À DOMICILE
pour location une semaine et plus
(Service même Dimanches et Fêtes)

Appelez le 53.30.04

LOVELOVELOVELOVE

E14

You wish to explore the area near your penpal's home.

1 Why should this advertisement appeal to you?
2 What special facility is available for a rental period of at least seven days?

E15

Another way of renting a bicycle is through a program run in conjunction with French railways.

1 Where could you rent your bicycle?
2 How much of a deposit is usually required?
3 When do you pay the rental charge?
4 How many kinds of bicycles are available?
5 How much would it cost to rent a touring bicycle for two days?

TRAIN + vélo

vous n'emportez pas votre vélo:

La SNCF met à votre disposition dans 287 gares un service de location de vélos.

Il vous suffit de présenter une carte d'identité et de verser une caution de 250 F.

Si vous présentez:
– une Carte Bleue, une Carte Bleue Visa, Eurocard, Master Card, Access,
– une carte d'abonnement à libre circulation, carte demi-tarif, carte Vermeil, carte France Vacances, carte Jeune,
vous ne payez pas cette caution.

Vous restituez le vélo à votre gare de départ ou dans une autre gare de la région (renseignez-vous auprès du personnel SNCF).

Vous payez la location en restituant le vélo.

La réservation est possible, dans la limite des disponibilités.

Trois types de bicyclettes vous sont proposés :
– des vélos, de type randonneur, à 10 vitesses, avec cadre homme ou mixte et, pour les vélos homme, guidon course et freins double poignée...
– des bicyclettes de type traditionnel : cadre mixte, guidon et selle à réglage instantané avec ou sans dérailleur.
– des bicyclettes "tous chemins" : cadre mixte, avec dérailleur 6 vitesses, amortisseur central. (Assimilées au type randonneur).

Vous trouverez ci-après la liste des 287 gares ouvertes au service Train + vélo.

En fonction de la durée de votre location, une tarification* dégressive vous est proposée.

	1/2 journée	journée
Vélo type traditionnel	25 F	35 F
Vélo type randonneur ou "tous chemins"	35 F	45 F

	3e au 10e jour		à partir du 11e jour	
	1/2 journée	journée	1/2 journée	journée
Vélo type traditionnel	19 F	27 F	13 F	18 F
Vélo type randonneur ou "tous chemins"	27 F	34 F	18 F	23 F

* Prix au 30/4/87.

E16

The *Tour de France* cycle race is avidly followed by the French. This article indicates that cycling is not just a spectator sport.

La bicyclette : plus qu'une mode

Aujourd'hui, on ne peut plus parler de mode. Le « vélo » a retrouvé ses lettres de noblesse, un temps laissé pour compte d'une automobile en plein essor. les difficultés de circulation aidant, la voiture se transformant peu à peu en bête noire et obligatoire de la civilisation, le vélo est revenu, discrètement, au départ, franchement en masse à présent.

Et on ne peut pas ne pas connaître ces nouveaux sportifs du dimanche qui, au lieu – ou avant – de regarder leur petit écran, s'en vont (parfois) tôt le matin sur les routes de notre verte campagne, y disputer un peu d'air frais, d'impressions neuves, et de grande forme. lorsqu'on les fréquente du bout du pneu, on les comprend.

Retrouver le calme de la nature, se libérer de ce bruit, dont on s'habitue trop vite, en profitant de tout cela pour se désintoxiquer des pollutions citadines, voilà un programme qui séduirait les plus difficiles.

1 What is the reporter's attitude toward cars?
2 What does he consider to be the essential virtues of cycling?

P

Quels sont les avantages, et les inconvénients, de faire des promenades à vélo dans les grandes villes?

C En autocar

Service urbain : horaires du 1er juillet au 31 août (sauf dimanches et fêtes)

LIGNE : SAINT-MARTIN — KERFRAVAL

DÉPART de Saint-Martin	7.30	8.30	9.30	10.30	11.30		13.30	14.30	15.30	16.30	17.30	18.30
Hôtel de Ville	7.45	8.45	9.45	10.45	11.45	12.15	13.45	14.45	15.45	16.45	17.45	18.45
Kerfraval	8.00	9.00	10.00	11.00	12.00	12.30	14.00	15.00	16.00	17.00	18.00	19.00
DÉPART de Kerfraval ..	8.00	9.00	10.00	11.00	12.00		14.00	15.00	16.00	17.00	18.00	19.00
Hôtel de Ville	8.15	9.15	10.15	11.15	12.15		14.15	15.15	16.15	17.15	18.15	19.15
Saint-Martin	8.30	9.30	10.30	11.30	12.30		14.30	15.30	16.30	17.30	18.30	19.30

LIGNE : LA BOISSIÈRE — KERNEGUES (Hôpital)

DÉPART de La Boissière	7.30	8.30	9.30	10.30	11.30		13.30	14.30	15.30	16.30	17.30	18.30
Hôtel de Ville	7.45	8.45	9.45	10.45	11.45	12.15	13.45	14.45	15.45	16.45	17.45	18.45
Kernégues	8.00	9.00	10.00	11.00	12.00	12.30	14.00	15.00	16.00	17.00	18.00	19.00
DÉPART de Kernégues..	8.00	9.00	10.00	11.00	12.00		14.00	15.00	16.00	17.00	18.00	19.00
Hôtel de Ville	8.15	9.15	10.15	11.15	12.15		14.15	15.15	16.15	17.15	18.15	19.15
La Boissière	8.30	9.30	10.30	11.30	12.30		14.30	15.30	16.30	17.30	18.30	19.30

LIGNE DU BINIGOU

DÉPART du Binigou	8.00	9.00	10.00	11.00	12.00	13.30		14.30	16.30	17.00	18.00	
Place Cornic	8.15	9.15	10.15	11.15	12.15	13.45		14.45	16.45	17.15	18.15	
DÉPART Place Cornic	8.45	9.45	10.45	11.45	12.15		14.15	16.15	16.45	17.45		19.15
Le Binigou	9.00	10.00	11.00	12.00	12.30		14.30	16.30	17.00	18.00		19.30

LIGNE DE LA ROUTE DE CALLAC

DÉPART H.L.M. Rte Callac	8.30											
Hôtel de Ville	8.45											
DÉPART Hôtel de Ville			10.45									
H.L.M. Rte de Callac			10.55									

Pour les lignes St-Martin / Kerfraval et La Boissière / Kernéguez, le Samedi, le service se fera à la 1/2 heure - de 8 H 45 à 12 H 30.
Ligne de Ploujean : demander le dépliant horaire en gare routière

E16

You are staying in Morlaix near the city hall and decide to catch a bus to the swimming pool, which is in *La Boissière*.

It is 11:20 a.m. on Saturday July 30th. When is the next bus from the city hall to the swimming pool?

E18

Here is an old bus ticket that was used by a French friend in 1986.

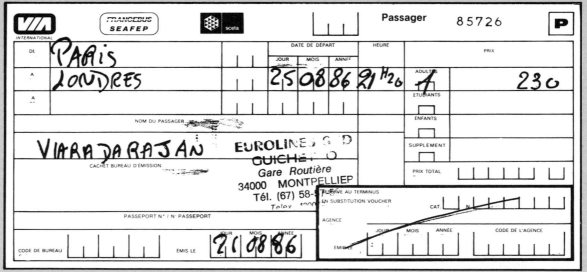

1 At what time was the bus scheduled to leave?

2 On what route was the ticket valid?

3 Where was the ticket bought?

P

Préférez-vous voyager le jour ou la nuit?
Comparez le pour et le contre de ces deux options avec votre partenaire.

PARIS - LONDRES

Aller Simple 220F **Aller Retour 400F**

SERVICE REGULIER
PAS DE TRANSFERT DE BAGAGES
L'autocar embarque sur le Ferry

SERVICE NUIT

TOUS LES SOIRS

		Retour
PARIS Gare Routière Internationale 3-5, av. de la Porte de la Villette Tél. (1) 40 38 93 93	22.00	07.30
AMIENS Buffet de la Gare SNCF	23.45	05.30
CALAIS Gare Maritime	03.00/03.30	02.30
DOUVRES Eastern Docks	04.00	23.30/23.59
LONDRES Bay 20, Victoria Coach Station	07.30	21.00

★ **DE PARIS** : Pas de départ les 24, 25 et 31 décembre et 1er janvier
★ **DE LONDRES** : Pas de départ les 24, 25, 26 et 31 décembre et 1er janvier

SERVICE JOUR

TOUS LES MATINS

				Retour
	Toute l'année	du 15.06 au 06.09		
PARIS Gare Routière Internationale 3-5, av. de la Porte de la Villette Tél. (1) 40 38 93 93	09.00	12.30	18.45	21.45
CALAIS Gare Maritime	12.30 / 13.15	16.30 / 17.00	14.45 / 14.15	17.30
DOUVRES Eastern Docks	13.45	17.30 / 18.00	12.00 / 11.30	14.00
LONDRES Bay 20, Victoria Coach Station	17.00	20.00	09.30	12.30
			du 15.06 au 06.09	Toute l'année

★ **DE PARIS** : Pas de départ les 25 et 26 décembre et 1er janvier
★ **DE LONDRES** : Pas de départ les 25 et 26 décembre et 1er janvier

TARIF BAGAGES :

1re et 2e valise : gratuite.
Au-delà : gratuit sous réserve des places disponibles

TARIF ENFANT :

50 % de réduction pour les enfants de moins de 12 ans.

FORMALITES DE VOYAGE

- Les passagers sont priés de passer au contrôle à nos guichets avant embarquement.
- Respectez le numéro d'autocar qui vous est donné.
- Après le passage de la douane à DOUVRES, n'oubliez pas de récupérer tous vos bagages à la sortie et de les remettre avec l'aide du conducteur dans l'autocar que vous avez initialement pris.

IMPORTANT : Convocation des Passagers 1 heure avant le départ.

BILLETS RETOUR « OPEN »

Attention : les places retour ne peuvent être garanties que dans la limite des places disponibles.

- Pensez à réserver votre retour -

BILLETS PERDUS OU VOLES

EUROLINES ne remplace ni ne rembourse les billets perdus, détruits ou volés.

BAGAGES

Les bagages sont l'objet de tous nos soins, et sont acceptés sur la base de 2 valises de dimension normale, par personne. Sur certaines destinations la 2e valise fera l'objet d'une taxation supplémentaire. Ils doivent être étiquetés au nom du voyageur pour faciliter les contrôles qui pourraient être effectués par les services de douane et de police.

En aucun cas ne seront acceptés les cartons, motos, vélos et produits inflammables.

11	12	13	14
21	22	23	24
31	32	33	34
41	42	43	44
51	52	53	54
61	62	63	64
71	72	73	74
81	82	83	84
91	92	93	94
101	102	103	104
111	112	113	114

E19

The bus company *Eurolines* has certain reservation conditions. Do you understand them?

1 At what time must travelers report to the bus station?
2 What is the company's policy on lost or stolen tickets?
3 Why should suitcases be labeled?
4 Name the four items not allowed on the bus.

E20

You are considering making the round trip from Paris to London by bus. Which of the following statements are true?

1 The day service is less expensive than the night service.
2 The night service is longer than the day service.
3 You must pay for each suitcase.
4 Children under 12 pay half price.
5 The French bus travels across the English Channel on a ferry.
6 Passengers unload their suitcases and carry their luggage through customs.

D En bateau

You are traveling to England with Brittany Ferries.

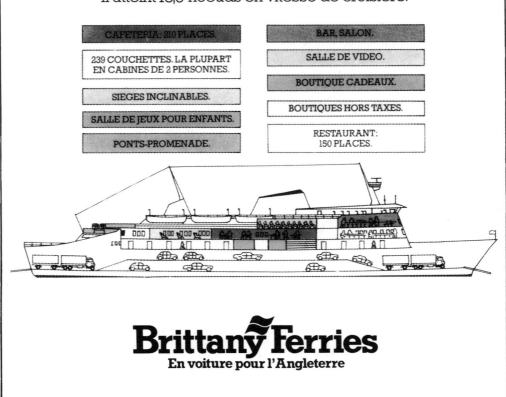

LE BÉNODET

POUR OFFRIR ENCORE PLUS DE PLACES ET ENCORE PLUS DE CONFORT.

Notre nouveau ferry multiplie
les performances sur la ligne Roscoff-Plymouth.d
En capacité. En vitesse. En confort.
Le Bénodet (4250 tonneaux)
accueille 800 passagers et 250 voitures.
Il atteint 18,5 noeuds en vitesse de croisière.

CAFETERIA: 210 PLACES.

BAR, SALON.

239 COUCHETTES. LA PLUPART
EN CABINES DE 2 PERSONNES.

SALLE DE VIDEO.

SIEGES INCLINABLES.

BOUTIQUE CADEAUX.

SALLE DE JEUX POUR ENFANTS.

BOUTIQUES HORS TAXES.

PONTS-PROMENADE.

RESTAURANT:
150 PLACES.

Brittany Ferries
En voiture pour l'Angleterre

You have made up a list of things to do on the ferry to pass the time. Can you match these activities with the headings above?

1 Watch a video

2 Buy a soft drink

3 Buy duty-free goods

4 Buy presents

5 Buy a snack

6 Walk around on deck

7 Take a nap in a comfortable chair

8 Play "fussball"

9 Have a decent meal

Here are two special offers encouraging French people to visit England while they are on vacation in Brittany.

2 forfaits-Channel au départ de Roscoff et St-Malo

Cet été, profitez de votre séjour en Bretagne pour faire une mini-croisière avec Brittany Ferries, depuis Roscoff et St-Malo.

A des prix exceptionnels, embarquez sur l'un de nos confortables bateaux - Trégastel, Quiberon, Armorique, Prince of Brittany - avec, à bord: ponts-promenade, salles de jeux pour les enfants, boutiques hors-taxes, restaurants, bars, salons, cafeterias, film vidéo, tir aux pigeons (sur la ligne de St-Malo).

Profitez-en à l'aller comme au retour.

Si vous avez choisi notre forfait Channel'avec nuit, débarquez à Portsmouth, pour passer une journée en Angleterre, avec hébergement à l'hôtel.

Traversez la Manche avec Brittany Ferries et mettez vos vacances en Bretagne à l'heure de la Grande-Bretagne!

Mini-croisière vers l'Angleterre

1 enfant de moins de 14ans GRATUIT pour 1 adulte payant

190F*

de Roscoff et St-Malo

(*prix par personne, aller/retour)

Du 01.07 au 06.09

Départ de Saint-Malo	Retour à Saint-Malo
Tous les jours 10 h 45	08 h 15 le lendemain

Du 02.07 au 29.08

Départ de Roscoff		Retour à Roscoff	
Jeudi	08 h 00	Jeudi	22 h 00
Samedi	08 h 00	Samedi	22 h 00

Du 19.07 au 16.08

Départ de Roscoff		Retour à Roscoff	
Dimanche	08 h 00	Dimanche	22 h 00

Mini-croisière

+

Journée en Angleterre avec excursion guidée

+

Nuit à l'hôtel

=

1 enfant de moins de 14ans MOITIÉ PRIX pour 1 adulte payant

312F*

de Roscoff et St-Malo

(*prix par personne, aller/retour)

Les excursions en Angleterre sont accompagnées d'un guide.

Du 01.07 au 06.09

St-Malo/Portsmouth Jours et heures de départ		Excursions	Portsmouth/St-Malo Jours et heures de départ	
Jeudi	21 h 15	Vendredi matin	Samedi	09 h 30
Samedi	21 h 15	Dimanche matin	Lundi	21 h 00

Du 17.07 au 22.08

Lundi	21 h 15	Mardi matin	Mercredi 09 h 30	

Excursion en Angleterre	• Nuit et petit déjeuner à l'hôtel à Portsmouth. • 1/2 journée en autocar - visite guidée à travers le vieux sud anglais dans la New Forest. • Repas libres et shopping dans Portsmouth.

Du 09.07 au 31.08

Roscoff/Plymouth Jours et heures de départ		Excursions	Plymouth/Roscoff Jours et heures de départ	
Lundi	16 h 30	Mardi matin	Mardi	23 h 30
Mardi	16 h 30	Mercredi matin	Mercredi	23 h 30
Jeudi	08 h 00	Jeudi après-midi	Vendredi	15 h 00
Samedi	08 h 00	Dimanche matin	Dimanche	23 h 30
Dimanche 16 h 30		Lundi matin	Lundi	23 h 30

Excursion en Angleterre	• 1/2 journée en autocar - visite guidée de Plymouth, du Devon à travers le Parc National du Dartmoor, de Torquay sur la "Riviera Britannique" • Repas libres et shopping dans Plymouth. • Nuit et petit déjeuner à l'hôtel à Plymouth.

1 How much would two adults and one child aged 12 pay altogether for a short stay with one night's accommodation in Plymouth?

2 What else is included in this offer?

3 If the departure from Roscoff was on a Saturday at 8 a.m., when would they leave Plymouth?

E   En avion

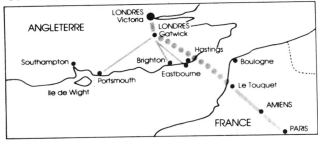

PARIS/LONDRES (GATWICK)
et vers LONDRES (VICTORIA) et la côte

					ALLER					
Paris-Nord	**Amiens**	**Étaples Le Touquet**	**Le Touquet Aéroport**	**Londres Gatwick**	**Londres Gatwick**	**Londres Victoria**	**Brighton**	**Portsmouth H**	**Eastbourne (via Lewes)**	**Hastings**
dép.	dép.	arr.	dép.	arr.	dép.	arr.	arr.	arr.	arr.	arr.
12 10	13 23	14 20	15 10	15 00	15 35	16 18				
					15 30⁽¹⁾		16 16⁽¹⁾			
Train 405			Vol BR/UK 496		16 04⁽¹⁾			17 35⁽¹⁾		
					15 27				16 20	16 51⁽¹⁾

E23

Your penpal's brother is explaining to you how he traveled on a tour to London. He shows you his old travel documents.

1 How did your penpal travel to London's Gatwick Airport from Paris?

2 How long did it take him to go from the center of Paris to the center of London?

3 Could he have traveled on a Saturday?

Grand 53,62 m de long · 5,64 m de large · 251 passagers Airbus permet de répondre à l'augmentation du trafic sans augmenter le nombre des vols, donc l'encombrement de l'espace aérien.

Puissant (900 km/h vitesse de croisière · décollage sur piste de moins de 2000 m).

Economique moins de 4,5 l aux 100 km siège-passager sur 2000 km.

Silencieux surface atteinte par le bruit de l'Airbus en dehors de l'aéroport : 3,5 km² : c'est l'avion de grande capacité le plus silencieux du monde.

Agréable. Le décor est gai Le service efficace Les sièges vastes et confortables et vous pouvez garder plus de bagages avec vous !

Airbus pourrait accueillir 331 passagers, mais Air France a choisi d'installer 251 fauteuils seulement (26 en 1ʳᵉ, 225 en touriste).

Voici votre fauteuil.

Vous avez une place confortable.

Etendez librement vos jambes... elles ne buteront pas sur un sac ou une valise. Airbus est le seul moyen-courrier au monde à offrir à chaque passager un vaste coffre à bagages : on ne met plus sa valise sous son fauteuil !

Choisissez l'inclinaison de dossier qui vous convient pour lire, dormir ou déjeuner... si le fauteuil voisin du vôtre est inoccupé, abaissez-en le dossier : vous disposerez ainsi d'une table à votre côté.

Vous n'êtes jamais à plus d'un fauteuil d'une allée, grâce à la disposition : 2 sièges / couloir / 2 sièges / 2 accoudoirs / 2 sièges / couloir / 2 sièges.

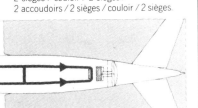

P

a) Avez-vous jamais voyagé en avion? Est-ce que cela vous a plu?

b) Où êtes-vous allé(e)?

c) Si vous n'avez jamais pris l'avion, aimeriez-vous le faire? Expliquez.

E24

You come across this advertisement for the European Airbus.

1 Why has the Airbus been constructed with a wide body?

2 How has *Air France* modified the seating capacity of the airplane?

3 How has this given additional comfort?

F Par le train

At a French railway station, you might be confronted by a variety of signs.

1 INFORMATION	2	3 RÉSERVATION	4	5	6
7	8	9	10	11	12
13	14	15	16	17	18
19	20	21	22	23	24
25	26	27	28	29	30

Each of the 30 signs above signify services at a French railway station.

The words below correspond to some of them.

Can you match them?

a) Consigne automatique
b) Bureau de poste
c) Eau potable
d) Bureau des objets trouvés
e) Salle d'attente
f) Guichet des billets
g) Bureau de change
h) Bains
i) Toilettes (hommes)
j) Sortie
k) Buvette
l) Bureau de renseignements
m) Compartiment non fumeurs
n) Buffet
o) Enregistrement de bagages

E26

The French system of ticket control is markedly different from that of other railroads in the way that you must stamp (composter) your ticket.

● Vous devez le valider dans tous les cas en le compostant lors de l'accès au train.

— même si vous avez réservé;
— même si la date de départ est indiquée sur le billet.

Pour valider votre billet, il suffit d'utiliser les composteurs de couleur orange mis à votre disposition dans les gares ou les points d'arrêts.

○ Si votre billet est aller-retour, compostez-le à nouveau lors de l'accès au train de retour.
○ Si vous vous arrêtez en cours de route, n'omettez pas de composter votre billet une nouvelle fois au moment de reprendre le train.

1 Do you have to stamp your ticket if:
   a) you have reserved a seat?
   b) your ticket states the date of departure?

2 What color are the ticket-stamping machines?

3 What do you do if:
   a) you have a round-trip ticket?
   b) you stop over in the middle of a trip?

E27

1 Which of the following services are offered by the *SNCF* in this region?
   - a) Tourist information service
   - b) Food and drink carts
   - c) Special train and hotel packages
   - d) Guaranteed seats
   - e) Free return trips
   - f) Special group excursions
   - g) Trains with bar and disco

2 Your train leaves today at 11 a.m. What is the latest time you can arrive to reserve your seat?

3 You want to make a reservation for a trip next week. How can you make it?

4 When is the latest time you must pick up your ticket?

LA SNCF MIDI-PYRENEES
C'EST AUSSI

- **UN SERVICE DE TOURISME**

- **DES SEJOURS EN RESIDENCES**

- **DES FORFAITS TRAIN + HOTEL**

- **DES VOYAGES ET DES CIRCUITS TOURISTIQUES POUR LES GROUPES**

- **DES TRAINS ANIMES AVEC VOITURE BAR DANCING**

LA SNCF COMMUNIQUE :

Par suite de travaux en gare de Puteaux, la circulation des trains sera interrompue le 24 août, toute la journée, entre La Défense et Suresnes-Mont-Valérien. Des autobus assureront la liaison entre ces deux gares avec desserte de Puteaux.

E28
What was this sign telling people?

INFORMATIONS-RESERVATIONS

- Réservations immédiates au guichet.
- Par téléphone.

Quand doit-on retirer sa réservation ?

DEMANDE	RETRAIT
J-60 à J-9	au plus tard 7 jours après la demande.
J-8 à J	au plus tard 2 jours après la demande, sans dépasser 30 mn avant le départ du train.

- par numéro de dossier : retrait dans tout point de vente de votre choix équipé d'un terminal de réservation.

P

- a) Avec votre partenaire ou dans un groupe, évaluez le service Midi-Pyrénées de la SNCF.

- b) Quels nouveaux services voudriez-vous suggérer à la SNCF?

- c) Avez-vous jamais voyagé à l'étranger? Comment? Quand? Racontez l'expérience.

- d) Quels sont les moyens de transport les plus populaires de nos jours? Lequel préférez-vous, et pourquoi?

- e) Votre région, par quels moyens de transport est-elle desservie?

French railways have numerous programs to enable certain kinds of travelers to take advantage of special discounts. Here is an extract from a leaflet.

Ce calendrier comporte trois périodes : bleue, blanche et rouge. Choisissez, de préférence, les jours bleus pour voyager plus confortablement et à des prix particulièrement avantageux.

Période bleue
en général, du samedi 12 h au dimanche 15 h, du lundi 12 h au vendredi 12 h

Période blanche
en général, du vendredi 12 h au samedi 12 h, du dimanche 15 h au lundi 12 h et quelques jours de fêtes

Période rouge
les jours peu nombreux, correspondant aux grands départs.

CARTE "COUPLE/FAMILLE", gratuite et valable 5 ans :
• lorsque 2 personnes figurant sur la carte voyagent ensemble et commencent chaque trajet en *période bleue*, l'une d'elles bénéficie de 50% de réduction, l'autre payant le plein tarif ;
• lorsqu'au moins 3 personnes figurant sur la carte voyagent ensemble et commencent chaque trajet en *période bleue ou blanche*, elles bénéficient de 50% de réduction dès la 2e personne, la 1re personne payant le plein tarif, les autres le tarif réduit. La réduction "Couple/Famille" s'applique même sur les allers simples.

CARTE "VERMEIL", 85 F au 30 avril et valable 1 an : 50% de réduction à tout titulaire de la carte. Il suffit de commencer chaque trajet en *période bleue*. Cette réduction est individuelle et valable à partir de 60 ans. La réduction "Vermeil" s'applique même sur les allers simples.

"CARRE JEUNE", 150 F au 30 avril et valable 1 an. Il permet d'effectuer 4 trajets, avec une réduction de 50% pour chaque trajet commencé en *période bleue*, et 20% de réduction pour chaque trajet commencé en *période blanche*. Cette réduction est individuelle et valable pour les jeunes de 12 à moins de 26 ans.

CARTE "JEUNE", 150 F, valable du 1er juin au 30 septembre : 50% de réduction pour chaque trajet commencé en *période bleue*, et d'autres avantages (1 couchette gratuite, réduction sur d'autres services SNCF...). Cette réduction est individuelle et valable pour les jeunes de 12 à moins de 26 ans.

BILLET "SÉJOUR", 25% de réduction pour un parcours aller et retour ou circulaire totalisant au moins 1000 km, le voyage retour ne pouvant être effectué au plus tôt qu'après une période comprenant un dimanche ou une fraction de dimanche (ou jour férié légal). Il suffit de commencer chaque trajet en *période bleue*.

RÉDUCTIONS "GROUPES", vous voyagez avec des amis ou vous organisez des voyages collectifs : renseignez-vous dans les gares et agences de voyages sur les possibilités de réduction que vous pouvez obtenir.

Toutes ces réductions sont applicables en 1re comme en 2e classe sur toutes les lignes de la SNCF à l'exclusion de celles de la banlieue parisienne.

To help you find the information you might need, make a chart like the one below and fill in as many details as you can.

Note that the details of the *carte vermeil* are given as an example.

Name of Railcard	People card applies to	Length of time valid	Cost of card	Reduction	First class	Second class	One-way trips	Round trips	Restricted to blue off peak days
Carte vermeil	People over 60	1 year	85 F	50%	Yes	Yes	Yes	Yes	Yes
Carte couple/ famille									
Carte jeune									
Billet de sejour									

P

Si vous étiez en France pendant deux mois et vous vouliez faire des excursions en train, quelle carte achèteriez-vous? Justifiez votre décision.

Chapter 10
Le logement et les vacances

Si vous passez vos vacances un jour en France, vous devrez souvent consulter des panneaux et des publicités pour trouver un hôtel, un camping, une plage, un restaurant, un théâtre, etc. Ce chapitre vous aidera à mieux comprendre les informations dont vous aurez besoin pour vous orienter.

A   Les hôtels

E1

When looking for a hotel you see this sign.

1 How much will it cost if you want a room with a shower and toilet for one night?

2 What facilities are available in the simplest room, if you wished to economize?

PRIX DES CHAMBRES	
Équipement Sanitaire	Prix de la Chambre
EAU C. et F.	65F
CAB de T.	
CAB de T. et WC.	
DOUCHE	88F
DOUCHE et WC.	130F
BAIN	
BAIN et WC.	130F/150F

P

Êtes-vous jamais descendu(e) dans un hôtel à l'étranger? Racontez les détails de votre expérience.

E2

Here is information on two hotels.

Hostellerie La Bouriane

Spécialités Quercynoises
vente et production de conserves maison
Place du Foirail - 46300 GOURDON-EN-QUERCY - Tél. 65.41.16.37

Dans un cadre agréable
Repos - Détente
Propriétaire : G. LACAM

CAFÉ-RESTAURANT   Chambres tout confort
NOUVEL-HÔTEL
Mme G. Cabianca, Propriétaire

Spécialités du Pays   Cuisine Soignée   Repas Gastronomiques
Boulevard de la Madeleine. 46300 GOURDON. Tél. 65.41.00.23

1 Which would you choose if you wanted a quiet vacation?

2 Do they both offer local dishes?

HOTEL de la PLAGE

(Près de Nice)   SAINT-LAURENT-DU-VAR ★★nn
Parking gratuit - Ouvert toute l'année

direction **GOUJON**

Face à la plage et au futur port de plaisance.
RESERVATION

60 chambres studios, tout confort plein soleil. Un des plus modernes de la Côte d'Azur.

Tél. 31.08.29

★ NN

L'ALBERGO

Grande salle pour noces et banquets

Spécialités régionales
Cuisine soignée

Grand calme
Prix modérés

Carte variée

HÔTEL-RESTAURANT-PENSION
Quartier des Bassins - Route du bord du Var
06 SAINT-LAURENT-DU-VAR

Tél. 31.54.97

HOTEL CENTRAL

PMU ★ A

BRASSERIE - RESTAURANT

LE DJIBOUTI

06 St Laurent du Var à 6 kms de Nice
Tél: (93) 31.11.46

CHAMBRES Salon de Thé
TOUT CONFORT
Chauffage Central
★
Restaurant à la carte et à Prix Fixe
★
JARDIN OMBRAGE PARKING
Salle pour Banquets
384, Av. Général-Leclerc

E3

Here is a group of advertisements for food and accommodations.

Hôtel-Restaurant des Halles ★ NN
NICOLE VIARGUES

23, rue du Mur (à proximité de la Maison de la Reine Anne)
29120 MORLAIX   Tél. 88.03.86   Parking assuré

COUSCOUS le jeudi soir   V.R.P. restaurant fermé le dimanche

NORMANDY   Tél. 84.27.18   ★
16, Rue Duquesne — (Près de la Plage)

RESTAURANT - BAR

PRIX FIXE – SERVICE CARTE
CUISINE BOURGEOISE —

Which establishment(s) would you choose if you wanted:

1 to eat lobster?

2 a conference room?

3 easy access to a main road?

4 to be near a beach?

5 one that serves both meals and snacks?

6 a North African dish?

Hôtel d'Europe
RESTAURANT   BRASSERIE
29204 MORLAIX   Tél. 62.11.99
2 Possibilités de Restauration
Brasserie: 21 h 45
Restaurant Gastronomique

Restaurant LA POTINIÈRE
Prat'al'lan 29234 PLOUIGNEAU
Tél. 98 88.35.31

HÔTEL LES BRUYÈRES ★★ NN
Salle de réunions - Parking
Départementale 712 - 4 km de Morlaix-Ville
Sortie Voie Express PLOUIGNEAU
Tél. 98 88.08.68
29234 PLOUIGNEAU

Auberge Saint-Antoine   (6 km de Morlaix)
M. et Mme LE GODEC
Salles pour Banquets et Séminaires
Spécialité de Fruits de Mer et de Homards Grillés
SAINT-ANTOINE   (6 km de Morlaix)
29252 PLOUÉZOC'H   Tél. (98) 67.27.05

E4

Your parents ask you to look at the information on the hotels on the right and to pick out one that will suit them. They want a quiet hotel that serves good food. Which one would you suggest?

P

Composez une lettre à l'hôtel de votre choix précisant les détails de la visite de vos parents.

Discutez les détails d'avance avec votre partenaire.

Your parents are planning a visit to France and they wish to spend a night in Brittany close to the port before proceeding to Paris. Here is information on a suitable hotel.

Hostellerie du Castel ar Sal
Finistère

TARIFS CHAMBRES	Juin et septembre	Juillet et août
Chambre 1 personne	210 F	350 F
Chambre 2 personnes	230 F	370 F
Lit supplémentaire	20 F	30 F
Petit déjeuner	25 F	25 F
REPAS pension	75 F	75 F

Route de la Plage - Primel Trégastel 29228 Plougasnou - Télex : 941 624 F - Réservations : (16) 98 72 30 05
S.A. COGESELP au capital variable - R.C. 322 814 807

1 How much would one night's accommodation cost for your parents and yourself to share a room in August?

2 How much extra would it cost for the three of you to have breakfast?

P

a) Expliquez le terme «repas pension».

b) Jouez une petite scène avec votre partenaire. Un(e) client(e) dans un hôtel explique au (à la) réceptionniste les raisons pour lesquelles elle veut changer de chambre. Le (la) réceptionniste essaie de résoudre le problème.

Your parents ask you to choose a hotel in Paris. Here is information on four hotels.

A HÔTEL FRANTOUR BROCHANT *NN
163 bis, avenue de Clichy - 75017 Paris - Tél. 42.28.40.40
Métro Brochant

A quelques minutes de Montmartre et du Sacré Cœur ou des Champs-Elysées. Etablissement moderne et fonctionnel où le maximum de confort vous est offert dans cette catégorie d'hôtel. Les 324 chambres à 2 lits comportent toutes une salle de bains complète avec W.C. Téléphone (possibilité de ligne directe).

B HÔTEL FRANTOUR SUFFREN ***NN
20, rue Jean Rey - 75015 Paris - Tél. 45.78.61.08 Métro Bir-Hakeim

Ce très bel hôtel est installé à l'ombre de la Tour Eiffel, dans le Paris des perspectives orgueilleuses du Champ-de-Mars et de Chaillot, tout près du Paris des affaires et des promenades. Ses 407 chambres, équipées d'une salle de bains et de toilettes privées, disposent en outre du téléphone direct, télévision en couleurs et radio, mini-bar, réveil automatique. Vaste hall avec boutiques. Bars et restaurant donnent sur les jardins privés de l'hôtel. Salles de conférences.

They want a medium sized hotel in a nice part of Paris and a room with a private bathroom and a color television. Which of these hotels would you recommend to them? What other facilities does this hotel offer?

C HÔTEL FRANTOUR PARIS EST ***NN
Cour d'honneur de la gare de l'Est
4, rue du 8-Mai-45 - 75010 Paris
Tél. 42.41.00.33
Métro Gare de l'Est
Situé dans la gare même de Paris-Est, cet hôtel offre 33 chambres confortables, insonorisées, avec salle de bains ou douche, W.C., téléphone direct, radio, TV couleur. Salles magnifiques pour banquets et conférences.

D HÔTEL CONCORDE LA FAYETTE **** Luxe
3, place du Général Kœnig - 75017 Paris
Tél. 47.58.12.84
Métro Porte Maillot

Merveilleusement situé à 5 minutes de l'Arc de Triomphe et des Champs-Elysées, à 10 minutes de la Défense, un hôtel de 1000 chambres vous attend. D'accès direct avec l'hôtel, les 80 boutiques de prestige du Palais des Congrès sont à votre disposition.

B Les campings

E7
You are thinking of going camping in the *Val de Loire*.

LA MEMBROLLE-SUR-CHOISILLE

CAMPING ✳✳

— *au bord de la Choisille*

— *ses ombrages*

— *ses tennis*

— *terrains de volley-ball et de pétanque*

— *sa pêche*

— *ses installations modernes*

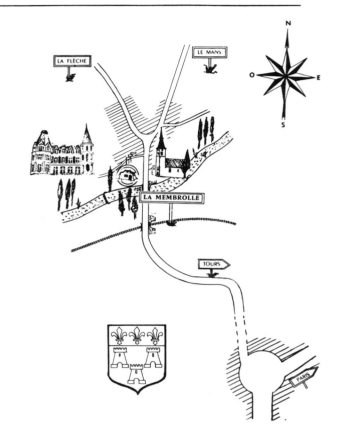

A deux cents mètres du village, à proximité des commerçants

Sa situation privilégiée pour la visite du Val de Loire

What features make this an attractive campsite?

un camping caravaning de très grande classe

Dans un site de rêve en bordure de l'Odet et à proximité de l'océan, le PARC DE KERVOUYENN vous offre la possibilité de profiter pleinement de vos vacances sans avoir les soucis de trouver le terrain habituellement surchargé des bords de mer. Soucieux de préserver le calme et le repos de chacun, notre architecte a aménagé le parc de 16 hectares en lots de 150 à 350 m², tout en vous réservant de vastes espaces verts (8 000 plantations). Chaque emplacement, parfaitement aménagé, possède l'eau et l'électricité. Vous trouverez sur place une alimentation, des plats cuisinés et à proximité, au sud de Quimper un Hypermarché

E8
Here is information on *le Parc de Kervouyenn* in Brittany.

1 Your requirements are listed below.

a) To be near the sea
b) A spacious site
c) Sports facilities nearby
d) Water and electricity available

How many of these would be met here?

EQUIPEMENT ET CONFORT DU TERRAIN DE CAMPING

- Douches chaudes
- Emplacements délimités
- Branchements pour caravanes : eau
- Branchements pour caravanes : électricité
- Branchements pour caravanes : égouts
- Locations de tentes ou bungatoiles
- Locations de caravanes ou mobilhomes
- Locations de bungalows
- Commerces

- Plats cuisinés
- Restaurant
- Bar
- Centre de naturisme
- Garderie d'enfants
- Réservations d'emplacements
- Equipements spéciaux pour handicapés
- Laverie
- Chiens admis

ANIMATION DU TERRAIN DE CAMPING

- Piscine ou Baignade surveillée
- Tennis
- Locations de bâteaux et pédalos
- Sports hippiques
- Télévision
- Discothèque
- Bibliothèque
- Animation culturelle
- Animation sportive

DORDOGNE

LOCALITÉS ÉQUIPEMENTS ET DISTRACTIONS SORTIE AUTOROUTE LA PLUS PROCHE	NOM – CLASSEMENT ADRESSE – TÉLÉPHONE DU TERRAIN DE CAMPING	RENSEIGNEMENTS			ÉQUIPEMENT du CAMPING	ANIMATION du CAMPING
		Dates d'ouverture	Nbre de campeurs	Situation géographique		
24300 **ABJAT-BANDIAT** K1	** NN Camping du Moulin de Masfrolet	15-5/30-9	390			
24480 **ALLES-sur-DORDOGNE** L5	** NN Camping « Port de Limeuil » Tél. (53) 61.42.10	1-5/15-9	270			

E9

Campsite leaflets have their own special symbols for classifying facilities. Study the list at the top of this page.

1 You will be in France in the last week of May. Will the campsite *Port de Limeuil* be open?

2 Which of the amenities listed below does this campsite have?

Electricity	Cooked meals	Laundromat
Day care	Bar	
Rental tents		
Designated sites		

3 Would pet owners be able to take their dogs with them?

4 Is there a swimming pool on the site?

5 What sports could you play here?

RENSEIGNEMENTS UTILES

PORT DE PLAISANCE
Club Nautique de la TURBALLE
Ecole de Voile

HOTELS
LA TURBALLE ne possède qu'un hôtel En revanche de nombreuses possibilités de locations:

CAMPING
Il y a trois terrains de camping à LA TURBALLE:

VILLAGE DE VACANCES
Gîte «Villages Vacances Familles» composé de 50 appartements.

DISTRACTIONS - SPORTS
Pêche sous toutes ses formes
Possibilité de promenade en mer

Centre Equestre	Tennis
Foyer des Jeunes	Cinéma
Terrain de Sport	Chasse
Piscine	E.t.c...

MARCHÉS
Trois fois par semaine en saison

TRANSPORTS
Gare de la BAULE
Cars DROUIN et MIGAUD

SANTÉ

Médecins	Kinésithérapeute
Pharmacie	Dentiste
Infirmier	

E10

You are planning a camping vacation with three friends next summer. You have received information on various resorts in Southern Brittany. Your friends, Robert Martin and Joanna all have different interests. To whom would *La Turballe* appeal the most?

Robert likes fishing, windsurfing and hiking. Martin likes shooting, roller skating and swimming. Joanna likes sailing, horseback riding and films.

P

a) Vous aimez la chasse? La pêche? Les sports nautiques?

b) Est-ce que vous avez fait du camping? Où? Quand? Avec qui?

P

Avec un(e) partenaire, discutez le contenu d'une lettre à un camping à La Turballe. Dans cette lettre, vous voulez préciser les dates de votre séjour, ainsi que les services que vous désirez.

C Logement pour les jeunes

E11

Here is information on a *Foyer de Jeunes Travailleurs* in Morlaix that offers its facilities to young foreign visitors in the summer.

1 Who normally uses the *Foyer*?

2 Comment on the cost.

3 What accommodations are available and what is provided in each room?

4 What are the eating arrangements?

5 What leisure activities are there?

RESIDENCE KER YAOUENNIC

FOYER DE JEUNES TRAVAILLEURS
==

F I C H E   D E   C A N D I D A T U R E
o-o-o-o-o-o-o-o-o-o-o-o-o-o-o-o-o-o-o-o-o-o-o-o

NOM: ....

PRENOM: ....

DATE DE NAISSANCE: ....

LIEU DE NAISSANCE: ....

ADRESSE DES PARENTS: ....

....

....

TELEPHONE: ....

N° SECURITE SOCIALE: ....

E12

When you arrive at the *Foyer* you are given this form to fill out. Which of the following pieces of information does it ask for?

1 Parents' occupation

2 Place of birth

3 Parents' address

4 Your full name

5 Passport number

6 Length of stay

PUBLIC CONCERNE

Jeunes travailleurs de 16 à 25 ans ayant un emploi, ou à la recherche d'un emploi, en stage, en formation en apprentissage.

C'est la solution entre la vie en famille ou en pension et une autonomie de logement.

Le Foyer peut permettre de se stabiliser progressivement dans la vie active.

TARIFS

Les tarifs pratiqués et les aides dont peuvent bénéficier les personnes aux ressources faibles permettent à tous de prétendre à se loger au foyer

HEBERGEMENT

60 chambres individuelles meublées avec lavabos (eau chaude)
12 studios meublés pour deux personnes (avec salle de bains)
5 studios pour groupes (capacité 32 personnes)
Literie et draps fournis.

Pour les chambres, sanitaire à chaque étage (bac, baignoire, douche, WC).

Possibilité de laver son linge (bac ou machine)

RESTAURATION

Chaque studio est équipé d'un coin cuisine. Pour les hébergements en chambres, chaque étage dispose d'une cuisine collective qui permet à chacun de se faire son repas.

Service de petits-déjeuners au bar du Foyer sauf le dimanche.

Il est également possible de prendre son repas de midi au self service municipal (à 50 m. du Foyer) au tarif préférentiel accordé aux résidents.

Un service de restauration légère fonctionne le soir, avec la participation des résidents.

VIE SOCIALE, EDUCATIVE, ANIMATIONS

Le Foyer dispose d'un hall d'accueil centre de vie et de rencontres avec bar, jeux, ping-pong, baby, d'une salle de télévision et d'une salle d'activités.

- Soirées dansantes, soirées vidéo
- Expositions, débats
- Tournois
- Activités sportives (Tennis football)

E14

You are looking for inexpensive accommodations in France.

LES GÎTES D'ÉTAPE :

Les gîtes d'étape sont des hébergements exclusivement réservés aux randonneurs pédestres, équestres ou cyclotouristes, pour une durée de 2 nuits maximum.

Ils se composent :
- *d'une salle commune avec coin cuisine équipée du matériel nécessaire.*
- *de sanitaires,*
- *d'un dortoir de 15 à 20 places.*

Le relais est une formule plus sommaire.

Les prix : gîte : 18 F / personne et par nuit.
        relais : 10 F / personne et par nuit.

La liste des gîtes et relais vous sera fournie par :

l'A.B.R.I.
3, RUE DES PORTES MORDELAISES - 35000 RENNES
TÉL : (99) 31.59.44

ou par :   l'A.D.A.J.
RUE DE KERBRIAND - 29200 BREST
TÉL : (98) 41.90.41

vous pouvez également la demander au P.I.J.

LES POINTS D'ACCUEIL JEUNES :

Les P.A.J. sont des terrains de camping équipés d'installations sanitaires. Il en existe pratiquement dans toutes les régions. Ils accueillent les jeunes randonneurs de 13 à 18 ans, seuls ou en groupe de moins de 10 pour une durée maximum de 5 nuits.

- prix par nuit et par personne : 4 Fr.

On peut trouver la liste des P.A.J. au Point Information Jeunesse ou auprès de la Direction Départementale Jeunesse et Sports des départements qui vous intéressent.

Here are two types of accommodations available to young people in France. You are trying to figure out what each place offers, so you make up the following grid. Copy this grid in your book. Give the information required or check the box if the facility is available.

Types of Accommodation	Kitchen available	Toilets, showers etc.	Membership card needed	Age limit	Cyclists allowed	Time allowed to stay	Cheapest price per person per night	Meals available
Les points d'acceuil jeunes								
Les gîtes d'étape								

P

Êtes-vous jamais descendu(e) dans une auberge de jeunesse? Où? Quand? Avec qui?

E13

Here is an interesting kind of vacation – taking part in a work camp.

CHANTIERS

Participer à un chantier de travail est un moyen de passer des vacances à bon marché ; mais c'est aussi l'occasion de rencontrer des jeunes de toutes nationalités, origines sociales, confessions ou opinions politiques.

Le nombre d'heures de travail est d'environ 4 heures par jour pour les adolescents.

Parfois une contribution financière est demandée aux participants pour les frais d'hébergement et de nourriture, en plus de l'inscription à l'association.

On distingue trois types de chantiers :

- *chantier de restauration de monuments et d'archéologie,*
- *chantiers de protection de la nature,*
- *chantiers d'aménagement de locaux à caractère social.*

La fiche 7.12 vous fournira les adresses des organismes assurant des chantiers.

1 Name two advantages of a work camp.

2 You may have to pay for three things. What are they?

3 Which sort of work camp would you prefer to take part in? Give details of those available and give reasons why you would (or would not) like to take part.

Staying in youth hostels is a convenient and inexpensive way of traveling abroad.

LES AUBERGES DE JEUNESSE

La **F.U.A.J.**, *association à but non lucratif, a été créée en Avril 1956. Mais le mouvement des Auberges de Jeunesse en France existe depuis 1929, inspiré de celui fondé en Allemagne en 1911.*

La **F.U.A.J.** *gère, en France, un important réseau d'Auberges de Jeunesse ouvertes à tous les jeunes.*

La **F.U.A.J.** *est restée fidèle à sa vocation : offrir des lieux d'hébergement économiques, et favoriser les rencontres entre jeunes de tous les pays, sans distinction de race, de nationalité, d'opinions politiques ou confessionnelles.*

La **F.U.A.J.** *est la seule association française affiliée à la* **FEDERATION INTERNATIONALE DES AUBERGES DE JEUNESSE (INTERNATIONAL YOUTH HOSTEL FEDERATION/I.Y.H.F.)** *offrant un réseau international de plus de 5.000 A.J. dans plus de 55 pays.*

COMBIEN Y-A-T-IL D'AUBERGES DE JEUNESSE EN FRANCE ?
plus de 220 réparties dans toute la France : dans les villes, à la campagne, à la montagne ou au bord de la mer.

SONT-ELLES TOUTES IDENTIQUES ? non. Dans certaines, le confort y est très appréciable, dans d'autres, le caractère, le charme dont elles sont empreintes, compensent leur côté simple, voire sommaire.

A QUI SONT-ELLES OUVERTES ? à tous. Seul, avec des copains ou avec un groupe pour y passer une nuit... un week-end... des vacances... Une seule condition : être en possession de la carte de la F.U.A.J.

QUE PEUT-ON Y FAIRE ? en plus d'un hébergement très économique, on peut y pratiquer de multiples activités sportives, culturelles, de détente, de loisirs...

L'ACCUEIL

SEJOUR ET HORAIRES

Le séjour dans une A.J. n'est pas limité, sauf en cas d'affluence : 3 nuits maximum.
Le Bureau d'Accueil des A.J. est généralement ouvert de 7h.30 à 10h. et de 17h.30 à 20h. Les A.J. sont ouvertes durant les mêmes horaires, et le soir jusqu'à environ 23h. l'été (22h. l'hiver). Certaines, à Paris et dans les grandes villes, le sont jusqu'à 1h. ou 2h. du matin.

TARIFS

HEBERGEMENT* (selon catégorie)

Catégorie 🏨	32,00 F
Catégorie 🏠	28,00 F
Catégorie ⛺	18,00 F

(*) Une "taxe de séjour" municipale est appliquée dans certaines localités. Elle s'ajoute au prix de l'hébergement de l'A.J.

REPAS (boissons non comprises)

Petit déjeuner	10,00 F
Déjeuner ou dîner	32,50 F
Plat unique (aux individuels seulement et dans certaines A.J.)	20,50 F
Location draps / sacs couchage (de 1 à 7 nuits)	11,00 F
Vente sac de couchage	65,00 F

• Dans certaines A.J., les tarifs sont plus élevés. Par exemple à PARIS "Jules Ferry", PARIS "D'Artagnan", PARIS/CHOISY-LE-ROI, STRASBOURG...

• Les centres d'hébergement associés figurés par le signe ■ ne sont pas gérés par la F.U.A.J. Il convient donc de les contacter directement pour connaître les conditions d'accueil, ainsi que les tarifs parfois différents de ceux appliqués dans les A.J.
ADHESIONS : voir "TARIFS" au dos.

DES "PLUS" POUR PAYER "MOINS"

• les **CHEQUES PLEIN AIR** alloués aux jeunes de 15 à 25 ans par la Direction Départementale de la Jeunesse et des Sports de votre lieu de résidence
• les **CHEQUES VACANCES** attribués par les employeurs aux salariés dont le revenu ne dépasse pas un seuil d'imposition fixé.
• la **CARTE JEUNE** : 25 % de réduction sur le prix de la carte INTERNATIONALE F.U.A.J.
• les **"CARRE JEUNE", "CARTE JEUNE", "CONGE ANNUEL", "SEJOUR", "MINI-GROUPES"**, et pour l'étranger : **"CARTE INTER-RAIL".** Renseignements auprès des Bureaux d'information SNCF.

INDIVIDUELS

Le réseau des Auberges de Jeunesse de la F.U.A.J. est constitué d'installations très différentes les unes des autres. Toutes les A.J. sont équipées de chambres collectives, parfois encore de petits dortoirs, salles à manger/séjour, salles de réunions. La plupart dispose d'une "cuisine individuelle", et certaines d'une cafétéria.
Une Auberge de Jeunesse, ouverte à tous, est la maison de tous les jeunes. C'est pourquoi il vous sera parfois demandé d'assurer quelques services.
Et nos animaux familiers ? Désolés, ils ne sont pas admis dans les A.J. !

GROUPES

La plupart des A.J. accueillent des groupes scolaires, sportifs, ou autres. Seuls les accompagnateurs doivent être porteurs d'une carte de "RESPONSABLE DE GROUPE" INTERNATIONALE. Les groupes peuvent participer aux activités de la F.U.A.J. l'été, l'hiver, ou durant les week-ends. (Réductions consenties hors périodes de forte fréquentation)..

UNE CENTRALE DE RESERVATION

Quelque soit votre projet en France ou à l'étranger : voyages, séjours avec ou sans prestations... confiez-en l'organisation à notre Service "GROUPES", en appelant le (1) 45.53.51.14.

COUPLES ET FAMILLES

Les couples et les familles (avec enfants moins de 14 ans) peuvent être reçus dans certaines A.J. équipées de ch. de 1 à 3 lits, d'autres mettent des ch. collectives à disposition lorsque la fréquentation le permet. Avant de réserver, contacter l'A.J. Voir les tarifs "COTISATIONS" au verso.

HANDICAPES

Certaines A.J. peuvent accueillir les jeunes en fauteuil roulant. Pour la France, voir la liste au verso (colonne ♿) ; pour l'étranger, voir le guide international des A.J.

APPELES

"UN VRAI PLUS". La carte de la F.U.A.J. leur est délivrée GRATUITEMENT, sur présentation de leur carte de militaire.

Read the information above about French youth hostels and answer the following questions.

1 Who is eligible to stay in a youth hostel?

2 Briefly state the kinds of accommodations available.

3 What arrangements are there for families?

4 How much would it cost you if you stayed for two nights in a well-equipped youth hostel, with breakfast and an evening meal on both days, and you have your own sleeping bag?

D Les gîtes

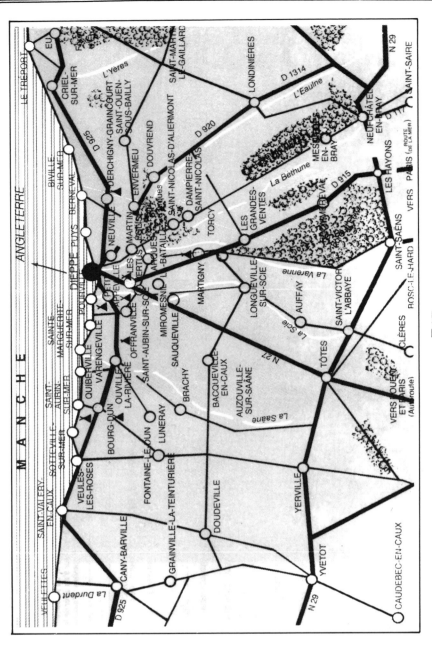

LE GÎTE RURAL

— Généralement réalisé dans les bâtiments anciens.

— Confortable et aménagé pour les vacances exprime la personnalité d'un terroir.

— Classé, contrôlé par le relais départemental en liaison avec la Fédération nationale des gîtes ruraux de France.

— Tous les gîtes sont pourvus de sanitaires (WC intérieur, lavabo, douche minimum), eau chaude, réfrigérateur.

— Bénéficie de 1 épi, 2 épis, 3 épis la qualité d'un gîte n'est pas fonction de son prix de location mais de son nombre d'épis.

— C'est l'accueil, l'originalité de ces vacances au vert.

— C'est le calme, l'espace, la verdure et l'air pur.

— Pour vos congés annuels, fêtes de fin d'année, vacances de Pâques et week-ends.

E16

Your family is thinking of spending some time in a French *gîte* and they have asked you to explain the information above.

Make a list of those facilities listed below that are normally available on a *gîte* vacation.

1 Refrigerator
2 Toilet
3 Shower
4 Fine old buildings
5 Welcome food pack
6 Hot water
7 Video recorder
8 Rental car
9 Short trips

E17

Your family has decided to rent a *gîte*. Here is the map sent to them by the French owners and a letter containing directions.

En quittant le Havre allez à Yvetot. Continuez tout droit et suivez la N29 jusqu'à Tôtes, où vous devez prendre la N27, direction Nord, vers Dieppe. A moitié-chemin, prenez la rue à droite pour Longueville-sur-Scie et Torcy. A Torcy, tournez à droite sur la D915 et puis aux Grandes Ventes tournez à gauche et suivez jusqu'à la D920. Tournez à droite sur la D920 (direction sud-est) et vous serez là au bout de quelques kilomètres.

What is the name of the village nearest to the *gîte*?

P

a) Aimeriez-vous passer des vacances en gîte? Expliquez votre réponse en vous référant à l'information ci-dessus.

124

E Les excursions

E18

Your *gîte* is near the city of Dieppe. Here are details of what the town has to offer.

You are on vacation in August.

1 How can you get from Dieppe to Paris?

2 When is the castle open?

3 When is the main office of the tourist information service open?

4 Which of the following sports could you do in Dieppe?

a) Horseback riding
b) Offshore fishing
c) Flying
d) Ice skating
e) Go-cart racing
f) Miniature golf
g) Roller skating
h) Parachuting
i) Skeet shooting
j) Fresh water fishing

5 What is special about the swimming pool?

E19

From your *gîte* you visit Rouen.

1 Can you see the main sights by car?

2 How long do the guided tours take?

3 You are in Rouen on Wednesday August 3rd. Would you be able to go on a guided tour?

4 Where does the tour start from?

5 You would particularly like to see the Old Market Square. Should you take the morning or afternoon guided tour?

6 How much would it cost you? You are 16 years old.

7 List which of the following sights you could see:
a) Cathedral
b) Flaubert Museum
c) Saint Maclou Church
d) Court House
e) Old Market Square
f) The Old Clock
g) Port

DIEPPE

RELATIONS

ROUTES D 915 (LA ROUTE DE LA MER) PARIS-DIEPPE 168 KM ET N 27 ROUEN-DIEPPE 58 KM ■ S.N.C.F. PARIS-DIEPPE ET ROUEN-DIEPPE ■ SERVICES DE CARS ROUEN-DIEPPE ET LITTORAL ■ DIEPPE VOYAGES, TÉL. 35 82 31 01 ■ CARS RENAULT, TÉL. 35 85 00 29 ■ CARS AUTIN, TÉL. 35 85 59 19 ■ AÉRODROME STATION AIR-ROUTE À 3 KM DU CENTRE URBAIN.

PLAGE

1 800 MÈTRES DE RIVAGE, 8 HECTARES DE PELOUSES, TRÈS VASTES PARKINGS GRATUITS ■ PISCINE OLYMPIQUE D'EAU DE MER CHAUFFÉE (24°) OUVERTE DU 15 MAI AU 30 SEPTEMBRE ■ GOLF MINIATURE ■ PING-PONG OUVERT DU 1er AVRIL AU 30 SEPTEMBRE ■ JARDIN D'ENFANTS GRATUIT OUVERT DE PÂQUES AU 30 SEPTEMBRE (NOMBREUX JEUX, PISTE DE PATINAGE À ROULETTES), MINI-KARTS ■ THALASSOTHÉRAPIE TOUTE L'ANNÉE. RENSEIGNEMENTS AU CENTRE DE CURES MARINES, ARCADES DU CASINO, TÉL. 35 84 28 67.

CAMPING

Å CAMPING VITAMIN', LES VERTUS ••••, OUVERT TOUTE L'ANNÉE, TÉL. 35 82 11 11 ■ Å CAMPING MUNICIPAL DU POLLET ••, OUVERT TOUTE L'ANNÉE, TÉL. 35 84 32 87 ■ Å CAMPING DU PRÉ SAINT-NICOLAS ••, ROUTE DE POURVILLE, OUVERT TOUTE L'ANNÉE, TÉL. 35 84 11 39.

DISTRACTIONS

VISITES GUIDÉES : PORT, DIEPPE-VILLE D'ART. RENSEIGNEMENTS : O.T.-S.I. ■ CASINO OUVERT TOUTE L'ANNÉE : BOULE, ROULETTE BACCARA, BANQUE OUVERTE, BLACK-JACK ■ CINÉMAS : CASINO, CLUB A, REX, ROYAL ■ DISCOTHÈQUES ■ MAISON POUR TOUS (M.J.C.) ■ MAISON JACQUES-PRÉVERT ■ CENTRE CULTUREL JEAN-RENOIR.

SPORTS

MAISON DES SPORTS (BASSIN DE NATATION, SALLES POLYVALENTES) ■ SAISON HIPPIQUE (10 RÉUNIONS DE JUILLET À SEPTEMBRE) ■ GOLF (18 TROUS) ■ ÉQUITATION ■ TIR À L'ARC ■ TIR AU PIGEON ■ AVIATION ■ PARACHUTISME ■ PÉTANQUE ■ AUTOMODÉLISME ■ PÊCHE SUR LE RIVAGE, EN MER, EN RIVIÈRE ET EN ÉTANG TOUTE L'ANNÉE ■ YACHTING ET ÉCOLE DE VOILE ■ "SLIP" : DESCENTE POUR DÉRIVEUR LÉGER ■ PERMIS BATEAU ■ TENNIS/SQUASH CLUB "5" (13 COURTS), TÉL. 35 84 00 04.

MONUMENTS

CHÂTEAU-MUSÉE (XVe) OUVERT TOUTE L'ANNÉE (FERMÉ LE MARDI DU 30 SEPTEMBRE AU 1er JUIN) ENTRÉE PAYANTE (PRIX SPÉCIAUX POUR GROUPES): IVOIRES, SALLE DE MARINE, ETC. EXPOSITIONS TEMPORAIRES ■ PORTE DES TOURELLES (XVe) ■ ÉGLISES SAINT-JACQUES (XIVe ET XVe) ET SAINT-RÉMY (XVIe ET XVIIe) ■ CHAPELLE DE BONSECOURS ■ VIEUX QUARTIERS DES PÊCHEURS "LE POLLET" ET "LE BOUT DU QUAI".

PORT

SERVICE QUOTIDIEN DIEPPE-NEWHAVEN PAR CAR-FERRIES (S.N.C.F.), EN SAISON, 4 ALLERS ET RETOURS PAR JOUR ■ PORT DE COMMERCE ■ PORT DE PÊCHE ET DE PLAISANCE ■ CHANTIER NAVAL ■ PROMENADES EN MER DU 1er MAI AU 20 SEPTEMBRE.

ACCUEIL & DOCUMENTATION

OFFICE DE TOURISME-SYNDICAT D'INITIATIVE ■ BUREAU PRINCIPAL OUVERT TOUTE L'ANNÉE SAUF DIMANCHE, TÉL. 35 84 11 77 ET 35 84 83 97, DU 14 SEPTEMBRE AU 30 AVRIL : 9 H À 12 H ET 14 H À 18 H ; DU 1er MAI AU 13 SEPTEMBRE : 9 H À 12 H ET 14 H À 19 H ■ BUREAU ANNEXE ROTONDE DE LA PLAGE, TÉL. 35 84 28 70, DU 1er JUILLET AU 31 AOÛT TOUS LES JOURS SAUF LUNDI : 10 H À 13 H ET 15 H À 20 H ; SAMEDI, DIMANCHE ET JOURS FÉRIÉS EN MAI ET JUIN, ET DEUX PREMIERS WEEK-END DE SEPTEMBRE.

ROUEN   VISITE DE LA VILLE

En raison du secteur central réservé aux piétons, la visite des quartiers historiques et des principaux monuments ne peut se faire qu'à pied.

Prix par personne : 21 F.
Moins de 25 ans et plus de 60 ans : 17 F.
Départ de l'Office de Tourisme - Syndicat d'Initiative, 25, place de la Cathédrale.

VISITES-CONFÉRENCES de la Caisse Nationale des Monuments Historiques et des Sites

a) Pour visiteurs individuels

★ **QUARTIERS HISTORIQUES :**
Durée : 2 heures. Les samedis, dimanches et fêtes, du 18 avril au 8 juin. TOUS LES JOURS, du 13 juin au 30 septembre.
à 10 h : rue Saint-Romain, Aître et Église Saint-Maclou, rue Damiette, Abbatiale Saint-Ouen.
à 15 h : Cathédrale, rue du Gros-Horloge, Palais de Justice, Place du Vieux-Marché.

★ **MONUMENT JUIF :**
Durée : 1 heure. Le samedi à 14 h sous réserve d'inscription au moins deux jours à l'avance.

b) Pour groupes constitués

★ **QUARTIERS HISTORIQUES** extérieurs des monuments : Cathédrale, rue Saint-Romain, Aître et Église Saint-Maclou, Palais de Justice, Gros-Horloge, Place du Vieux-Marché.

★ **SUR LES PAS DE JEANNE D'ARC :** Du Donjon au Vieux-Marché.

★ **MONUMENT JUIF** d'époque romane, situé dans la cour d'honneur du Palais de Justice.

★ **MUSÉE DES BEAUX-ARTS**

★ **MUSÉE LE SECQ-DES-TOURNELLES**

★ **MUSÉE DE CÉRAMIQUE**

CAP BLANC *se visite tous les jours...*

- Des RAMEAUX au 30 JUIN: De 10 h. à 12 h. et de 14 h. à 17 h.
- Du 1er JUILLET au 31 AOUT: De 9 h. 30 à 12 h. et de 14 h. à 18 h. 30.
- Du 1er SEPTEMBRE au 31 OCTOBRE: De 10 h. à 12 h. et de 14 h. à 17 h.
- L'hiver : Sur rendez-vous.

- Accès facile ;
- Parking ombragé ;
- Durée de la visite commentée : 30 minutes ;
- En été : Évitez l'affluence en visitant le matin.

Renseignements : Jean ARCHAMBEAU - Les Pechs - 24200 SARLAT — Téléphone : 53 59 21 74

Dessin de J.-G. MARCILLAUD

CAP BLANC

Situé à 7 km des Eyzies, ce site préhistorique daté du Magdalénien moyen (environ 14.000 ans avant nos jours), domine la vallée de la Grande Beune, face au château de Commarque.

En 1909, les fouilles dirigées sous l'abri par le Docteur Lalanne, permirent la découverte de nombreux vestiges (silex taillés et ossements travaillés), et la

mise au jour d'une frise monumentale sculptée sur 14 mètres de paroi.

Chevaux, bisons, cervidés sont réalisés en bas et haut-relief, parfois de plus de 20 cm d'épaisseur.

Une sépulture humaine fut ensuite découverte à la base des dépôts archéologiques.

Cap Blanc est le plus important abri sculpté préhistorique ouvert au public.

E20

You have heard that the Dordogne region has famous prehistoric sites, as can be seen from this leaflet.

1 What is the main attraction at *Cap Blanc*?

2 Are there guided tours?

3 When is the quietest time of day to visit it in summer?

E21

While on vacation in the Morlaix area, you see this poster.

1 What events are taking place?

2 What can you get to eat throughout the afternoon and evening of July 20th?

LOCQUIREC

19 Juillet A LA SALLE DES FETES
——— BAL ———
DU COMITE DES FETES

20 Juillet

FÊTE DE LA MER

14h. JEUX DE PLAGE
16h. JEUX NAUTIQUES
19h. CONCERT
20h. DANSES FOLKLORIQUES

21h. Long John SYLVER
CHANTS de MARINS

22h30 à 2h. FEST NOZ

DEGUSTATION HUITRES, MOULES, SOUPE DE POISSONS, FRITES

E22

In the area where you are staying there are lots of saltworks where sea salt is reclaimed from sea water.

1 How can you find out more information about visiting these saltworks?

2 When do the tours take place?

3 What three facts about salt production can you learn from this visit?

4 Taking the Mesquer road from Guérande, how would you find the saltworks?

5 Can you buy salt here?

Dans le cadre de la Protection de la Nature
Visitez
une Saline
en exploitation

✱ HISTORIQUE DES MARAIS SALANTS
  ✱ FONCTIONNEMENT D'UNE SALINE
    ✱ TECHNIQUE DE RECOLTE

tous les jours de 16 h. à 19 h.

3 F par personne — Enfants 2 F
A Guérande ~~à~~ *Route de* Mesquer :
suivre les Flèches

Vente de sel régional :
— Sel gris et " Fleur de Sel "

Pour tous renseignements :
☎ 61-91-68 le matin

F Les vacances des Français

Where do French people spend their vacation? This section gives you some ideas.

E23

Here is some information on special offers. Where does the vacation to Tunisia that costs 2050 F depart from?

Corse

Exemple de forfait :

7 jours en Alta Rocca

Hébergement. Demi-pension en hôtel familial : de 525 à 574 F/pers. Chez l'habitant : de 350 à 420 F la chambre (petit déjeuner compris). En gîte rural : de 3 à 6 personnes, de 420 à 840 F. Pour groupes : en dortoirs de 6/8 personnes (petit déjeuner compris), de 161 à 175 F/pers.

Location de voiture (obligatoire) : forfait de 7 jours, Renault 4 ou 2 CV Citroën avec kilométrage illimité, assurance passagers et véhicules : 750 F.

Forfait « multi-activités » (facultatif) comprenant ski de fond, randonnée équestre et pédestre, visites archéologiques, avec encadrement : 450 F.

Transport (facultatif) : vols vacances Air France Paris/Ajaccio/Paris, départ le dimanche, retour le samedi : 780 F.

E24

Corsica is another popular resort with French people.

Make out a chart like the one below in your notebook. Fill in as much information as you can about this vacation.

Name of resort	Kinds of accommodations offered	Care rental information	Activities offered	Day of departure and day of return

P

a) Êtes-vous allé(e) en vacances l'été dernier? Où? Avec qui?

b) Si non, qu'est-ce que vous avez fait pendant les mois de juin, juillet et août?

c) Préférez-vous aller en vacances avec votre famille ou avec vos amis? Pourquoi?

Excursions d'un jour à partir de Londres

Pour une excursion d'un jour par chemin de fer, demandez un billet aller-retour spécial (Awayday Return), qui vous permettra d'économiser jusqu'à 45% du tarif aller et retour normal et de voyager n'importe quel jour de la semaine. Vous pouvez prendre la plupart des trains sauf certaines lignes pendant les heures de pointe du lundi au vendredi. (Veuillez vérifier les détails lorsque vous achetez votre billet). Les enfants de moins de trois ans voyagent gratuitement ; les enfants de 3 ans et de moins de 14 ans paient demi-tarif.

Voici quelques suggestions de lieux à visiter avec un billet Awayday.

ARUNDEL
Ravissante ville, dominée par le magnifique château des Ducs de Norfolk. Ouverture du château : lundi–jeudi 13.00–17.00 (jusqu'au 26 mai) ; lundi–vendredi 12.00–17.00 (30 mai – 30 septembre) et le dimanche en août de 12.00 à 17.00.

BATH
Ville romaine d'Aquae Sulis. Voyez les thermes, l'abbaye médiévale et les bâtiments du dix-huitième siècle à l'architecture élégante.

BOURNEMOUTH
Station balnéaire anglaise typique possédant 9 km de plages de sable, de grands parcs de grandes pelouses et de ravissants jardins.

BRIGHTON
Station balnéaire favorite du Prince Régent (Georges IV) qui fit construire l'unique et splendide Pavillon Royal. (Ouvert tous les jours de 10.00 à 17.00 heures jusqu'au 30 juin, et de 10.00 à 20.00 heures de juillet à septembre. Fermé les 24 et 25 juin). Attractions foraines traditionnelles sur la plage et la jetée du Palais ; promenez vous dans les "Lanes", ruelles tortueuses pleines de petites boutiques. dont beaucoup de magasins d'antiquités.

CAMBRIDGE
Un monde tranquille consacré à la culture qui n'a guère changé depuis le Moyen Age. Visitez certains des 23 collèges, dont le plus vieux remonte à 1281 et n'oubliez pas la célèbre Chapelle de Kings College. Promenez-vous le long des "Backs", calmes jardins et pelouses bordant la rivière ou mieux, exercez-vous à manier un "punt", bateau plat conduit à la perche.

HASTINGS
Station balnéaire, attractions foraines traditionnelles sur la jetée, vieille ville pittoresque et château normand en ruines.

HATFIELD
Hatfield House, construit entre 1607 et 1611 pendant le règne de Jacques I, possède de beaux salons d'apparat et est entouré d'un grand parc. La reine Elisabeth I passa son enfance dans l'ancien Palais Royal, maintenant en ruines. Hatfield House est ouvert du 25 mars au 7 octobre. Mardi – samedi 12.00–17.00 ; dimanche 14.00–17.30. Fermé le lundi sauf les jours fériés. Jardins ouverts le lundi seulement 14.00–17.00. Parcs ouverts tous les jours 10.30–20.00.

OXFORD
Ville universitaire d'une grande richesse architecturale, célèbre dans le monde entier. Visitez les collèges, du plus vieux, University College, au plus grand, Christ Church, qui possède sa propre cathédrale. Chemins tranquilles au bord de la rivière, cours cloîtrées fraîches, cours carrées au doux tapis d'herbe parfaitement entretenue. Possède également un centre commercial très vivant. Une promenade avec guide d'environ 2 heures commence au Centre d'information touristique de St. Aldates, la plupart des jours de la semaine à 10.45 et 14.15.

RYE
Ancien port de mer important, un des "Cinque Ports" de défense et aujourd'hui à 3 km de la mer, cette ravissante petite ville en haut d'une colline possède des rues pavées, des vieilles maisons et des vieilles auberges.

E25

England is another popular holiday destination for the French. Here is an extract from an English railway publication.

1 What according to the information given are the attractions of:

a) Bath?　　*b*) Bournemouth?　　*c*) Oxford?

2 Which town, a former seaport, has picturesque cobbled streets?

P

Avec votre partenaire, jouez une scène qui se déroule entre un(e) touriste français(e) et l'employé(e) d'un syndicat d'initiative de votre ville. L'employé(e) suggère un programme d'excursions, basé sur les intérêts exprimés par le (la) touriste.

G La météo

Vacations in every country depend very much on the weather and you can see that the French, too, follow weather forecasts closely!

Monsieur météo : partout un week-end à l'heure de l'automne

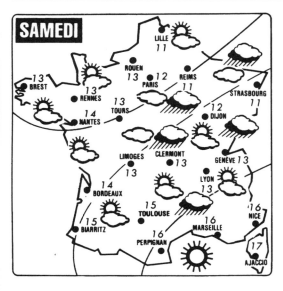

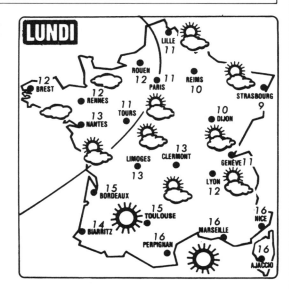

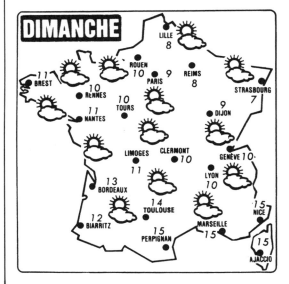

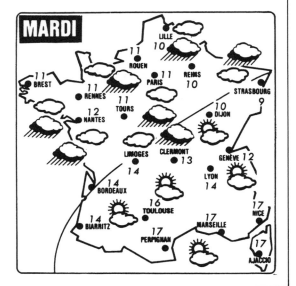

BEL effort des anti-cyclones pour ce long week-end du 11 novembre.

Ils ont réussi à faire un mur de hautes pressions en travers de l'océan et sur la France pour coincer les dépressions et le mauvais temps sur le nord de l'Atlantique où le vent souffle en tempête et où les averses sont assez violentes. Si les nuages réussissent par moments à passer au travers du mur et à se glisser sur la France, c'est seulement pour renforcer un peu plus la grisaille des brumes du matin et pour donner de faibles brumes éparses ou de petites pluies passagères.

Nous allons partout vivre à l'heure de l'automne, de la fraîcheur et de la grisaille du matin. Les après-midi nous réservent de bons moments ensoleillés avec des températures de saison.

● Aujourd'hui : partout la matinée sera brumeuse et il fait à nouveau très frisquet au lever du jour. De l'air maritime humide dans un ciel plus sombre sur la côte Atlantique et le Sud-Ouest.

● Samedi, pas de changement pour la moitié sud, la journée sera encore très agréable. Sur la moitié nord, ce sera plus incertain.

● Dimanche : cette fois beaucoup mieux sur la moitié nord. Ce sera à peu près le même temps qu'aujourd'hui, avec de belles heures de soleil pour l'après-midi et, toujours, des petites gelées le matin.

● A partir de lundi, les nuages vont faire un pressing plus soutenu et venir par l'ouest nous apporter un peu de pluie. Mais lundi, l'anticyclone répondra encore présent et gardera les menaces de mauvais temps en mer

● Mardi, la France semble vouloir se partager en deux. Sur la moitié ouest, la pluie rentrera finalement en cours de journée. Sur la moitié est, pas de changement, le soleil persiste et signe dès la fin du brouillard.

It is Friday November 10th.

1 Briefly summarize the forecast for the weekend.

2 If you were living in Paris, would you expect better weather on Saturday or Sunday?

3 What changes are predicted after Monday?

METEO

Aujourd'hui, le temps va devenir progressivement nuageux sur la moitié nord de la France. Le matin, il fera frais et il y aura souvent du brouillard, que le soleil dissipera vite sur la majeure partie des régions, mais le ciel commencera à être plus chargé sur le Nord-ouest, et même couvert en Bretagne.
Dans l'après-midi, il pleuvra légèrement en Bretagne et sur le Cotentin, mais le soleil se montrera encore par endroits sur la moitié nord.

Read through this weather forecast and see if you can translate it into English. Try and make it sound like a television forecast and don't forget to use all the usual technical jargon!

Chapter 11
Practice examination

Level One

1

Apart from newspapers and drinks what else can be obtained from this bar? (2)

2

Plage interdite aux chiens même

tenus en laisse ...

arrête municipal du 2.8.78

What law is being enforced here? (1)

3

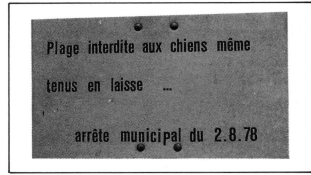

What is this car used for? (1)

4

Jean CABON TRAOU MAD
. FRUITS ET LEGUMES
. CHARCUTERIE CREMERIE
. FROMAGE A LA COUPE

Name four kinds of products on sale here. (4)

5

VILLE DE
PERROS-GUIREC
RÉGLEMENTATION DE LA PLAGE
▷ BAIGNADE INTERDITE
▷ BAIGNADE DANGEREUSE
▶ BAIGNADE SURVEILLÉE
(SANS DANGERS)

What swimming conditions are indicated by the three types of flags? (3)

6

Prix des chambres		
COMPLET	lavabo-bidet	80.00 (2 pers.)
	douche-w.c.	125.00 (2 pers.)
	douche	150.00 (4 pers.)
	bains-w.c.	180.00 (4 pers.)
	petit déjeuner	16.50 fr.

a) How much would it cost for bed and breakfast in a room with a private bathroom for two people? (2)

b) Are accommodations still available? (1)

7

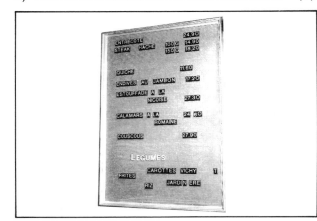

What could you buy for 15 F in this restaurant? (2)

8

Fermé pour
congés annuel
jusqu'au
Mardi 4 août

What does this sign tell you? (1)

9

a) How much would it cost to park here from 10 a.m. to 11 a.m. on a Saturday? (1)

b) When is free parking available? (5)

10

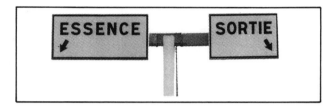

a) What is being advertised here? (1)

b) When should you call for details? (1)

11

These signs are at the entrance to a supermarket. What do they tell customers? (3)

12

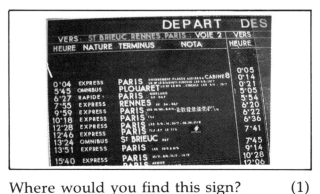

Where would you find this sign? (1)

13

What is on sale here? (1)

14

If you wanted gasoline would you go left or right? (1)

15

How much is premium gasoline? (1)

16

How can you pay at this checkout? (1)

17

Here is a sign outside a restaurant.

Apart from steak what else is being offered? (4)

18

Nos Crêpes

Le Froment :

- nature au beurre — 4 F
- au beurre et au sucre — 5 F
- au beurre et au sucre sans couverts — 4 F 50
- à la compote de pommes — 6 F
- à la confiture de fraises — 6 F
- au chocolat maison — 8 F
- à la confiture de myrtilles — 8 F
- au citron — 8 F

a) What does this restaurant specialize in? (1)

b) Name three different varieties available. (3)

19

la champagne
LA GRANDE BRASSERIE
DE LA MER

10 bis, Place Clichy
Réservation : (1) 48 74 44 78

Huîtres
Fruits de Mer
Homards
Langoustes
Bouillabaisses

```
LA CHAMPAGNE
    SERVICE 15 0/0 COMPRIS MERCI
 21                      2

TABLE    14    CLIENT    4
   2 SALADE FR. MER    116.00
   1 MUSCADET 1/2       43.00
   1 1/2 EAU            14.00
   2 FILET GRILLE      210.00
   1 GARNI NOUILLES     25.00
   1 GARNIT.H.VERTS     36.00
   1 FILET DE SOLE     105.00
   1 ESCALOPE SAUM.     99.00
   1 BANANE FLAMBEE     57.00
   1 CAFE               11.00
   3 THE CREME          43.50
     H.SERV.           759.50
 21 TOTAL    759.50
```

Here is a receipt from a restaurant in Paris.

a) What did the customers have to drink? (4)

b) Was the tip included? (1)

20

COLLECTIONNEZ
LES CARTES POSTALES

IRIS

PROCÉDÉ MEXICHROME

Théojac

ADHÉREZ GRATUITEMENT AU

Club **IRIS**

Association des Collectionneurs de Cartes Postales
102, Avenue Denfert Rochereau
PARIS (XVᵉ)

●

Présentez-vous à nos bureaux,
ou bien envoyez sur une carte postale
vos nom, prénoms, profession, adresse.

After buying some postcards, you notice information about a special club printed on the paper bag.

a) What exactly is the *Club Iris*? (1)

b) What is the charge to join this club? (1)

c) What personal information do you need to give to join? (4)

21

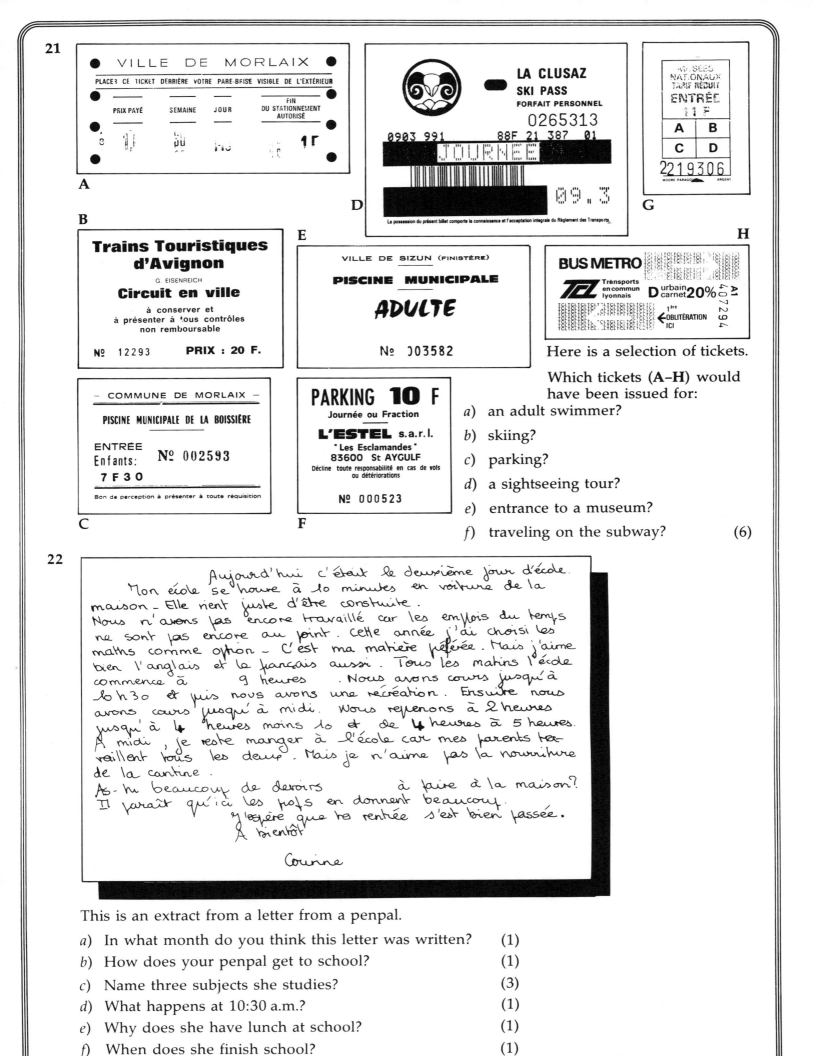

A VILLE DE MORLAIX
PLACER CE TICKET DERRIÈRE VOTRE PARE-BRISE VISIBLE DE L'EXTÉRIEUR
PRIX PAYÉ · SEMAINE · JOUR · FIN DU STATIONNEMENT AUTORISÉ · 1F

D LA CLUSAZ SKI PASS FORFAIT PERSONNEL
0265313
0903 991   88F 21 387   01
JOURNÉE
09.3
La possession du présent billet comporte la connaissance et l'acceptation intégrale du Règlement des Transports

G MUSÉES NATIONAUX TARIF RÉDUIT ENTRÉE 11 F
A B C D
2219306
MOORE PARAGO   ARGENT

B **Trains Touristiques d'Avignon**
G. EISENREICH
Circuit en ville
à conserver et à présenter à tous contrôles non remboursable
Nº 12293   **PRIX : 20 F.**

E VILLE DE SIZUN (FINISTÈRE)
PISCINE MUNICIPALE
ADULTE
Nº 003582

H BUS METRO
TCL Transports en commun lyonnais
D urbain carnet 20%
1ère OBLITÉRATION ICI
A1 407294

Here is a selection of tickets.

Which tickets (**A–H**) would have been issued for:

a) an adult swimmer?

b) skiing?

c) parking?

d) a sightseeing tour?

e) entrance to a museum?

f) traveling on the subway? (6)

C — COMMUNE DE MORLAIX —
PISCINE MUNICIPALE DE LA BOISSIÈRE
ENTRÉE Enfants: Nº 002593
7 F 30
Bon de perception à présenter à toute réquisition

F PARKING **10** F
Journée ou Fraction
L'ESTEL s.a.r.l.
" Les Esclamandes "
83600 St AYGULF
Décline toute responsabilité en cas de vols ou détériorations
Nº 000523

22

Aujourd'hui c'était le deuxième jour d'écde.
Mon école se houre à 10 minutes en voiture de la maison. Elle vient juste d'être construite.
Nous n'avons pas encore travaillé car les emplois du temps ne sont pas encore au point. Cette année j'ai choisi les maths comme option. C'est ma matière préférée. Mais j'aime bien l'anglais et le français aussi. Tous les matins l'école commence à 9 heures. Nous avons cours jusqu'à 10h30 et puis nous avons une récréation. Ensuite nous avons cours jusqu'à midi. Nous reprenons à 2 heures jusqu'à 4 heures moins 10 et de 4 heures à 5 heures.
À midi, je reste manger à l'école car mes parents travaillent tous les deux. Mais je n'aime pas la nourriture de la cantine.
As-tu beaucoup de devoirs à faire à la maison? Il paraît qu'ici les profs en donnent beaucoup.
J'espère que ta rentrée s'est bien passée.
À bientôt
Corinne

This is an extract from a letter from a penpal.

a) In what month do you think this letter was written? (1)

b) How does your penpal get to school? (1)

c) Name three subjects she studies? (3)

d) What happens at 10:30 a.m.? (1)

e) Why does she have lunch at school? (1)

f) When does she finish school? (1)

Chapter 12
Mock examination

Level Two

1

PROMOTION
ETE
-20%
sur Vetements
de Plongée
et de Planche

If you were keen on water sports
why should this sign interest you? (2)

2

Tarif

PRESTATIONS	MARQUE OU VARIETE	CONTE NANCE	PRIX COMPTOIR	SALLE
CAFÉ	PETITE TASSE		3,70	4,00
BIÈRE PRESSION	BOUTEILLE KRONEN KANTER	25cl	7,50	7,50
BIÈRE BOUTEILLE	HEINEKEN	25cl	11,00	11,00
JUS DE FRUIT	ORANGE-RAISIN ANANAS-ABRICOT	20cl	9,00	9,00
SODA	ORANGINA COCA-COLA	25 cl	7,00	7,00
EAU MINÉRALE	1/2 BT LITTEL	50cl	7,00	7,00
APÉRITIF ANISÉ	PASTIS 61	2cl	7,00	8,00
SANDWICH PLAT DU JOUR	PLAT DU JOUR	✕	32,00	

PRIX NETS %

How much would an orange juice
and a coffee cost for you and your
friend sitting down at this café? (1)

3

INSTRUCTIONS

avant de décrocher le pistolet
introduisez votre carte dans la
borne îlot

lisez les instructions
-tapez le numéro de la pompe
désirée

6pour super

7pour ordinaire

8pour gasoil
-appuyez sur la touche valid
-sur demande de l'appareil
composez votre code secret
reprenez votre carte
servez vous

si vous désirez un ticket:
-reintroduisez votre carte

n'oubliez pas votre carte

bonne route

This modern petrol station uses credit
cards. Briefly summarise how to use it. (6)

4

BASCULE A TICKETS
10 a 130 KILOS
1ª MONTEZ SUR LA PLATE-FORME
2ª ATTENDEZ L'ARRET DU DISQUE
3ª INTRODUISEZ VOTRE MONNAIE

What sort of machine is this sign? (1)

5

"IL EST INTERDIT"

DE CIRCULER EN PATINS A
ROULETTES ET EN VEHICULES
A 2 ROUES DANS LES BALLA
DOIRS . DE GARER LES VEHI-
CULES A 2 ROUES DANS LE
SAS D'ENTREE DU CENTRE
COMMERCIAL
LES EUROMARCHANDS

What three regulations apply in this
shopping precinct? (3)

6

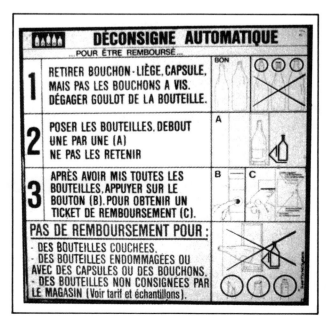

What service is offered in this
hypermarket for its customers? (2)

7

CONSIGNE

Dans la plupart des gares existe une consigne où vous pouvez laisser vos bagages en dépôt. (Prix forfaitaire par bagage et par période de 24 h). Dans un nombre important de gares des armoires consignes automatiques sont également à votre disposition. Vous y déposez vous-même vos bagages. Le prix dépend du type d'armoire et de la durée d'utilisation.

Par précaution, n'y mettez pas d'objets de valeur.

Consigne manuelle : 10 F par bagage et par 24 h.
Armoires-consignes automatiques, selon les dimensions :
– à fonctionnement mécanique, 5 ou 10 F par 24 h.
– à fonctionnement électronique, 10, 15 ou 20 F pour 48 h.
– case-skis, à fonctionnement mécanique, 5 F pour 24 h.

You find this information in a French railways booklet.

a) What service is described here?   (1)

b) How are charges calculated?   (2)

8

Comment occuper les longs moments que vous passez dans les transports en commun pour vous rendre à votre travail ? Les Anglais, eux, ont trouvé la bonne solution... en prenant des cours dans le train. C'est ainsi qu'on trouve sur la ligne Brighton-Londres des cours de français pour les voyageurs en mal de formation professionnelle permanente. Il existe même un diplôme agréé par l'université du Sussex et les chemins de fer britanniques.
Tout a commencé en 1977 lorsque Mme Le Pelley, so-

Rude tâche pour Madame Challand : enseigner la langue de Molière aux descendants de Shakespeare... dans un wagon des chemins de fer britanniques.

fesseur a trouvé un remède astucieux, le suçage des bonbons distribués gratuitement, suivi d'une séance d'articulation qui, selon les étudiants en chapeau melon, relève d'un sadisme à la limite du supportable.
En tout cas, l'expérience porte peu à peu ses fruits. Certains ex-élèves ont pu, grâce à ses cours, obtenir

Compartiment en folie sur le Brighton-Londres

cio-anthropologiste, réussit à monter le premier cours de ce genre. Depuis, beaucoup d'élèves sont venus s'ajouter à la liste, sur d'autres lignes de banlieue...
La classe de français est menée par Mme Challand, une énergique quinquagénaire. Les devoirs sont remis pendant les pauses tunnel et commentés tout au long des

vertes collines du Sussex. Dès les premiers pavillons de banlieue, on passe à la poésie. Puis, un quart d'heure avant l'arrivée, on aborde le chapitre musique. Car cet ancien professeur du lycée français insiste pour que ses élèves (directeurs de banques de la City, responsables de relations publiques, et autres cadres supérieurs)

chantent à chaque cours (en français, cela s'entend). Au répertoire, notamment, *Une demoiselle sur une balançoire* ! Le résultat s'avère parfois peu convaincant mais le cœur y est tout de même... Le plus important selon Mme Challand, c'est la gymnastique de la mâchoire, quasi inexistante selon elle chez les Anglais. Mme le pro-

des postes dans des pays francophones. D'autres ont pu découvrir les joies de la lecture de Madame Bovary ou des gazettes financières, en français dans le texte. La SNCF tente une expérience semblable sur quelques lignes.
De quoi vous remettre sur les rails si vous vous sentez une âme d'étudiant. ∎

A French friend points out this article on life in England.

a) Where does Mme Challand do her teaching?   (1)

b) What exactly does she teach?   (1)

c) Who started the trend?   (1)

d) Which types of pupils does Mme Challand teach?   (3)

e) What happens a quarter of an hour before the arrival?   (2)

f) Why does Mme Challand give her students candy?   (1)

g) What particular successes have her former students had?   (3)

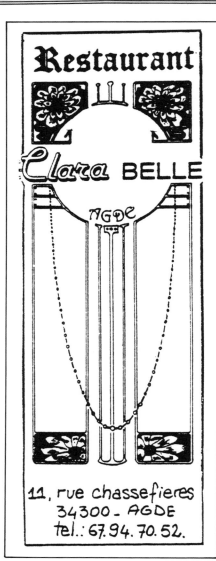

Restaurant

Clara BELLE

AGDE

11, rue chassefieres
34300 - AGDE
tel.: 67.94.70.52.

Menu à 69,- frs

La soupe de poissons avec sa rouille et ses croutons
L'œuf en cocotte au crabe et aux champignons
La terrine maison au poivre vert

La Daurade au four à la Provençale
Le Sauté d'agneau aux aubergines
L'émincé de volaille au curry

Brie ou tarte aux pommes

Study this menu.

a) What is available as a main course apart from fish?   (2)

b) What is the choice to follow?   (2)

INFOS VACANCES été

VILLAGE DE

capbreton

Pour vos repas

Les petits déjeuners sont pris en famille dans votre appartement. A votre arrivée, vous trouverez chez vous les denrées nécessaires pour préparer votre café, chocolat ou thé. Tous les matins, nous déposons devant votre porte le pain frais.

A l'« Airial », salle à manger des adultes, les repas sont servis entre 12 h 30 et 13 h 45 et 19 h 30 et 20 h 45 par table de 6 personnes.

Les enfants de 5 à 10 ans prennent entre eux leurs repas sous la surveillance des monitrices du club, à 12 h 30 pour le déjeuner et à 19 h 30 pour le dîner (salles de la Palombière et de la Bergerie). Les enfants de moins de 5 ans prennent leur repas sous la surveillance des parents entre 11 h 30 et 12 h 45 et entre 18 h 30 et 19 h 45, au Mini-Club.

Vous pouvez, si vous le désirez, demander des paniers-repas (pique-nique) certains jours pour le midi ou le soir. Les commandes sont faites la veille à la réception. Il n'est pas possible de servir des plats de régime.

Your parents have reserved a room at a vacation village and have been given details of the eating arrangements.

Since you are the only one who can understand French, they ask you the following questions.

a) Where is breakfast to be served?   (1)

b) What will it consist of?   (2)

c) What are the dining arrangements for:
  i) you and your parents?   (2)
  ii) your nine-year-old sister?   (2)

d) When can picnic lunches be ordered?   (1)

e) Can your mother continue her calorie-controlled diet while on vacation?   (1)

You see the following sign in a cafeteria.

How does this sign tell you to order and pick up your food? (2)

_CHOISISSEZ VOTRE PLAT

_DEMANDEZ A NOTRE CAISSIERE

_VENEZ LE PRENDRE CHAUD AUPRES DE NOTRE CHEF QUAND VOUS LE DESIREZ

12

If you were rich enough, you could consider buying property in France for your vacations by the sea or in the mountains. Here is information on four vacation property complexes at:

1 Samoens
2 Sables d'Olonne
3 Villeneuve-Loubet
4 Val-Cenis.

Which resort (**1, 2, 3** or **4**) would you write to for additional information if you wanted a place for:

a) skiing holidays. (2)

b) swimming holidays. (1)

c) sailing holidays. (1)

13

SAMEDI 17 DECEMBRE   21 heures
DIMANCHE 18 DECEMBRE   15 heures

JEAN-CLAUDE DROUOT - NITA KLEIN

jouent **PHÈDRE**

de **RACINE**

Mise en scène de Marcelle TASSENCOURT et Thierry MAULNIER

Costumes de Georges TOUSSAINT

Musique de RAMEAU

avec **JEAN DAVY**

Créée sur l'initiative de M. le Bâtonnier André Damien, Maire de Versailles, pour le Festival, devant la Colonnade du Grand Trianon, cette nouvelle présentation du chef-d'œuvre de Racine trouve tout naturellement sa place au Théâtre Montansier.

A l'issue de la représentation du dimanche, vers 17 h 15, **Thierry MAULNIER** signera ses livres, notamment "Lecture de Phèdre", "Les Vaches Sacrées", "Le Sens des Mots".

Here is information on two performances of *Phèdre*.

a) Who wrote the play *Phèdre*? (1)

b) How long does the performance last? (1)

14 The following card gives travel concessions in Paris.

1 - LA CARTE ORANGE EST RIGOUREUSEMENT PERSONNELLE, ELLE EST CONSTITUÉE D'UNE PART DE CETTE CARTE NOMINATIVE ET D'AUTRE PART D'UN COUPON HEBDOMADAIRE (COUPON JAUNE), MENSUEL (COUPON ORANGE) OU ANNUEL EN COURS DE VALIDITÉ.

2 - La carte orange permet, à l'intérieur de la Région des transports parisiens, dans la classe, les zones et pendant la période de validité indiquées sur le coupon, d'effectuer un nombre illimité de déplacements sur les réseaux de la RATP et de la SNCF, ainsi que sur les lignes agréées des entreprises de l'APTR.

3 - AVANT D'UTILISER VOTRE CARTE ORANGE VOUS DEVEZ **OBLIGATOIREMENT** SUR VOTRE CARTE NOMINATIVE :
- inscrire vos nom et prénom, signer, coller votre photographie d'identité (récente, de face, tête nue), puis à faire apposer le cachet d'authentification à un point de vente ;
SUR VOTRE COUPON :
- reporter à l'encre (stylo à bille) le numéro de votre carte nominative. Tout coupon sur lequel le numéro de la carte nominative n'aura pas été reporté sera considéré comme non valable et son porteur se trouvera en situation irrégulière.

4 - COMMENT VOYAGER AVEC VOTRE CARTE ORANGE
Présentez ensemble votre carte nominative et votre coupon, dans leur étui transparent, aux agents du contrôle (y compris les conducteurs d'autobus ou d'autocars). Ceux-ci peuvent exiger la présentation d'une pièce d'identité ou une signature de contrôle. Le coupon doit être utilisé pour franchir les postes de contrôle magnétique des réseaux ferrés.

POUR TOUT RENSEIGNEMENT COMPLÉMENTAIRE, vous pouvez vous adresser aux points de vente.

★ ★

Le non-respect d'une quelconque des prescriptions ci-dessus rend le voyageur passible du paiement d'une amende.

Toute utilisation frauduleuse de la carte nominative ou du coupon entraîne la résiliation immédiate de l'abonnement et le retrait de ces pièces sans préjudice de poursuites devant les tribunaux. Les sommes versées correspondant à la période de validité du coupon restant à courir sont acquises au transporteur à titre de dommages-intérêts.

★ ★

Votre coupon mensuel ou annuel ne peut être remboursé en totalité ou partiellement que dans les conditions limitativement fixées par les documents tarifaires de la RATP et de la SNCF.

La RATP et la SNCF déclinent toute responsabilité quant à l'utilisation qui pourrait être faite de cette carte en tant que pièce justificative d'identité.

★ ★

Adresse du titulaire (mention facultative) _____

Téléphone du bureau recueillant les coupons perdus et récupérés ☎ 757 56 85   Mod. 008 8002 P - 3-83 3 000 000

a) For how long was it valid?   (1)

b) How many trips could be made within this time?   (1)

c) What means of transportation are included in this program?   (2)

15

Pour votre voyage en TGV, vous devez être muni :
● du billet qui correspond au trajet effectué,
● de la réservation, obligatoire.

Outre ces deux titres, peuvent être délivrés en même temps l'un ou l'ensemble des titres suivants :
● le supplément, à payer dans certains cas (TGV circulant aux heures de pointe), qui correspond au parcours que vous effectuez.

Il existe des carnets de suppléments à coupons, que vous pouvez utiliser au fur et à mesure de vos voyages en TGV ou dans tout autre train à supplément sur n'importe quel parcours intérieur français. Ces suppléments à coupons ont une validité illimitée et vous évitent d'acquérir le supplément au coup par coup. Ils sont vendus en carnets de 6, 10 ou 15 coupons. A titre d'exemple, les carnets de 6 et 10 coupons permettent un aller-retour (2ᵉ ou 1ʳᵉ classe) entre Paris et Lyon en TGV à supplément.
● la réservation pour un repas en 1ʳᵉ classe, si vous le désirez.
● le supplément spécifique "Jeune Voyageur Service" –JVS– (cf p.9).

Votre billet et votre réservation obligatoire, ainsi que le ou les titres ci-dessus, vous sont délivrés joints en une seule et même pochette.

LA RESTAURATION

1 - LE BAR

Dans chaque rame, le bar est ouvert pendant toute la durée du trajet. Ce bar offre aux voyageurs des deux classes ● des plats simples chauds et froids ● des sandwichs ● des boissons chaudes et froides.

2 - LA RESTAURATION A LA PLACE EN 1ᵉ CLASSE

Un service à la place est assuré dans les voitures 1ᵉ classe réser-

vées à la restauration de tous les TGV circulant aux heures habituelles des repas.
Ce service propose :
● le matin, un petit déjeuner,
● à midi et le soir un menu complet avec choix entre plat du jour chaud ou froid ou une grillade.

Les menus sont souvent renouvelés à l'intention des voyageurs se déplaçant fréquemment en TGV.
Réservez vos repas dans ces voitures en même temps que votre place.

LES AUTRES SERVICES

Un coin boutique situé dans le bar vous propose :
● tabac
● journaux et revues.

Handicapés

Une place dans une voiture de 1ᵉ classe peut être réservée pour une personne handicapée désireuse de voyager sur son fauteuil roulant. Cette personne paye le tarif de 2ᵉ classe.

Jeune Voyageur Service (JVS)[1]

Pour les enfants voyageant seuls (de 4 à moins de 14 ans) un service particulier (JVS) est mis à votre disposition dans certains TGV : une hôtesse prend en charge les enfants, de la gare de départ à la gare d'arrivée, moyennant un supplément spécifique.

You have heard about the French high speed train service, the *TGV*. Here is some information about the *TGV* from a guide published by French railways.

a) Are seat reservations necessary?   (1)

b) Why is there sometimes an additional charge?   (1)

c) How can this charge be reduced?   (1)

d) What special service is offered to first class travelers?   (2)

e) Explain briefly how young people traveling alone are cared for.   (1)

SNCF·SNCF   COUPON JAUNE
CARTE N° U413944   HEBDOMADAIRE
SEMAINE DU   2 CL
                               ZONES
22 OCT   1   3
149035   662

Acknowledgments

I would like to express my gratitude to Peter Lupson, author of *Echt Deutsch*, for allowing his book to be used as a model for *En direct de la France*; to Bozena Bannon for typing the original manuscript; and to friends for providing some of the authentic material.

My grateful thanks also to the following for kindly granting permission to reproduce copyright material:
Astroscope, Paris for the advertisement on page 7 • Brittany Ferries, Roscoff for details of "Le Benodet" on page 110 and for the advertisement "2 forfaits – Channel" on page 111 • Centre régional de documentation pédagogique de Grenoble for the extract "Des droits" on page 21 • Collège Lamartine, Soissons for various extracts from its "Règlement intérieur" on pages 16, 19, 20 and 21 • Marilyn Coudert for extracts from a letter on page 121 • M. et Mme Dauguet, M. et Mme Durose for their birth announcement cards on page 2 • Educatel, Rouen for the advertisement on page 28 • Eurolines, 75019 Paris for the ticket on page 108 and details of its Paris–London service on page 109 • Fédération unie des auberges de jeunesse, Paris, for its information on page 123 • *Le Figaro* for the article "Laurent Fignon: le coup dur" on page 39 • *France-Soir* for the article "Kriter Brut de Brut" on page 77 and the "Météo" on page 129 • Le grand Livre du mois, Paris for its advertisement on page 42 • *L'Humanité* for the article "Les Truands ratent le train" on page 92 • M. et Mme Julien for their birth announcement card on page 24 • Laboratoires Labaz for the medicine directions on page 98 • *Libération* for the following articles "Les chemises et les jeans" on page 65; ". . .et l'essence s'achète. . ." on page 66 and the "Météo" on page 129 • Office du Tourisme, Dieppe for the map on page 124 and details of local attractions on page 125 •

Office du Tourisme, Perros-Guirec for extracts from its guide on pages 34 and 39 • Office du Tourisme, Rouen for details of visits on page 125 • ONISEP (Ministère de l'education nationale), Paris for extracts from various documents: "L'entrée en classe de sixième" on pages 16, 17, 18; "Orientation après la troisième" on pages 25, 27; "Cahier des métiers" on pages 26, 28–31 • Ouest France, for "Les Forbans" on page 9; "Chute d'une télécabine à la Plagne" on page 41; "Un menu complet à 5F. . ." on page 74; "Hold-up à la baguette" on page 91; "Des quatre occupants. . ." on page 106; and the artist Larrosse for the cartoon on page 3 • La Poste (P.T.T.), Paris for extracts from its leaflets on pages 87, 89 and telegram form on page 88 • Radio Nostalgie (Radio Corsaire), Morlaix for its advertisement on page 83 • Rallye Hypermarché, Morlaix for extracts from its consumers' advice leaflets on pages 80, 81 • Résidence Ker Yaouennic, Morlaix for the "Foyer des jeunes travailleurs" information on page 121 • Restaurant de la Reine Anne, Morlaix for the menu on page 73 • Nathalie Sanchez for her identity card and student card on page 1; voting card on page 2; report cards on pages 22, 23 • Télé Sept Jours for the extract "Commissaire Moulin" on page 44 • Télé Star for the TV extract on page 43 • Théâtre Montansier (M. Tassencourt), Versailles for information on page 137 •

Every effort has been made to contact copyright holders. We apologize if any have been overlooked, and we would be pleased to recognize sources in the normal way if approached subsequently.

Finally, I would like to thank my wife, Sandra, for encouraging me throughout, and for dedicating much time and hard work in the production of this book.

Ray Symons

NTC FRENCH TEXTS AND MATERIAL

Computer Software
French Basic Vocabulary Builder
    on Computer

**Videocassette, Activity Book,
    and Instructor's Manual**
VidéoPasseport—Français

Conversation Books
Conversational French
A vous de parler
Tour du monde francophone Series
    Visages du Québec
    Images d'Haïti
    Promenade dans Paris
    Zigzags en France
Getting Started in French
Parlons français

Puzzle and Word Game Books
Easy French Crossword Puzzles
Easy French Word Games
Easy French Grammar Puzzles
Easy French Vocabulary Games

Humor in French and English
French à la cartoon

**Text/Audiocassette Learning
    Packages**
Just Listen 'n Learn French
Just Listen 'n Learn French Plus
Sans Frontières 1, 2, 3
Practice & Improve Your French
Practice & Improve Your French Plus
How to Pronounce French Correctly

High-Interest Readers
Suspense en Europe Series
    Mort à Paris
    Crime sur la Côte d'Azur
    Évasion en Suisse
    Aventure à Bordeaux
    Mystère à Amboise
Les Aventures canadiennes Series
    Poursuite à Québec
    Mystère à Toronto
    Danger dans les Rocheuses
Monsieur Maurice Mystery Series
    L'affaire du cadavre vivant
    L'affaire des tableaux volés
    L'affaire des trois coupables
    L'affaire québécoise
    L'affaire de la Comtesse enragée

Les Aventures de Pierre et de
    Bernard Series
    Le collier africain
    Le crâne volé
    Les contrebandiers
    Le trésor des pirates
    Le Grand Prix
    Les assassins du Nord

Graded Readers
Petits contes sympathiques
Contes sympathiques

Adventure Stories
Les aventures de Michel et de Julien
Le trident de Neptune
L'araignée
La vallée propre
La drôle d'équipe Series
    La drôle d'équipe
    Les pique-niqueurs
    L'invasion de la Normandie
    Joyeux Noël
Uncle Charles Series
    Allons à Paris!
    Allons en Bretagne!

Intermediate Workbooks
Écrivons mieux!
French Verb Drills

Print Media Reader
En direct de la France

Duplicating Masters
The French Newspaper
The Magazine in French
French Verbs and Vocabulary Bingo
    Games
French Grammar Puzzles
French Culture Puzzles
French Word Games for Beginners
French Crossword Puzzles
French Word Games

Transparencies
Everyday Situations in French

Reference Books
French Verbs and Essentials of Grammar
Nice 'n Easy French Grammar
Guide to French Idioms
Guide to Correspondence in French

Bilingual Dictionaries
NTC's New College French and
    English Dictionary
NTC's Dictionary of *Faux Amis*

For further information or a current catalog, write:
National Textbook Company
a division of *NTC Publishing Group*
4255 West Touhy Avenue
Lincolnwood, Illinois 60646-1975 U.S.A.